엄마가
아이를
아프게 한다

※ 일러두기
- '니'는 여성을 뜻한다. 이 책에서는 어머니, 언니, 아주머니, 할머니, 비구니 등 여성을 부를 때 쓰는 끝말 '니'로 여성을 지칭하기도 했다.
- 이 책에서 '어머니'는 앞 세대 어머니이고, '엄마'는 젊은 세대 엄마이다.

아이를 행복하게 하는 좋은 엄마의 필독서

엄마가 아이를 아프게 한다

문은희 지음

위즈덤하우스

아이를 아프게 하는 엄마의 잘못된 행동

자녀의 큰 꿈에만 박수쳐주었는가?
자기만의 길을 가려는 아이에게 박수쳐주지 않고, 엄마 기준에 통과할 꿈을 갖길 강요한다. 래퍼가 되고 싶고, 미용사가 되고 싶은 아이의 꿈은 엄마 앞에서 사소한 꿈으로 전락하고 만다.

엄마의 꿈을 자녀의 꿈이라고 착각하지 않았는가?
"김연아 같은 선수가 되고 싶다며 저렇게 열심히 하네요"라고 자랑스러워하지만, 실은 엄마가 원하는 꿈을 주입시키고 자녀의 꿈인 양 내세우며 앞으로 나아가라고 다그치는 것은 아닌가?

엄마 말 잘 들어야 착하다고 칭찬했는가?
집에서 엄마 말 잘 듣고, 학교에서 선생님 말 잘 듣고, 사회에서 권위자 말을 잘 따르도록 하는 것이 과연 좋은가?

아이답지 않고 어른스러워야 좋아했는가?
어린 아이에게 철없는 아이처럼 굴지 말라고 야단치고, 어른스럽게 행동하면 칭찬한다. 그런 엄마를 보면서 아이는 어른의 마음에 드는 것을 빨리 터득할수록 좋고, 그래야 적어도 야단맞지 않는다고 생각한다.

규칙과 약속을 꼭 지키게 했는가?
아이에게 "엄마와 한 약속을 어겼어"라고 말하는데, 그 약속이나 규칙은 아이가 아무리 싫다고 해도 엄마가 일방적으로 정한 것이 아닌가?

엄마 취향과 같은 것을 고를 때만 허용했는가?
나와 똑같은 사람은 없는데 자녀가 나와 같을 것이라고 믿고, 아니면 같아지라고 억지를 부리면 아이는 엄마와 같은 척할 수밖에 없다.

슬픔이나 고통을 공감하기보다 해결해주기 위해서만 노력했는가?
자녀와 자신을 구분하지 않고 포함하고 있는 엄마는 자기 마음을 다스리듯이 아이 마음도 신속하게 누르고 해결의 길로 머리를 돌린다.

"너는 내 전부다"라고 부담을 주지 않았는가?
자식에게 모든 걸 바치는 엄마의 모습은 위대해 보이지만, 그 희생 앞에서 아이는 엄마를 위해 모범생이 되고, 엄마의 보람이 되려고 애쓰다 병이 난다.

실패할까 두려워 미리 지적하고 잔소리하지 않았는가?
아이의 미래를 걱정해서 하는 잔소리도 아이에게는 "내가 널 어떻게 믿어?"라는 의심의 소리로밖에 들리지 않는다.

아이와 마음을 나눈다고 엄마의 생각을 여과 없이 쏟아냈는가?
아이와 마음을 나눈다고 엄마는 자신의 힘든 일을 토로하고 괴로워하는 모습도 감추지 않는다. 자식이니까 그래도 괜찮다고 여긴다.

자만하지 말라고 남들 앞에서 깎아내리는 말을 하지 않았는가?
자식 자랑하는 걸 부끄럽게 여기는 문화 탓에, 혹은 아이가 자만할까봐 남 앞에서 깎아내리는 말을 하곤 한다.

조용히 책을 읽고 있으면 안심했는가?
친구들과 뛰어놀기보다 책 읽는 걸 즐기면 칭찬하지만, 아이가 책 뒤로 숨어버리면 엄마는 영원히 아이의 표정을 읽을 수 없게 된다.

아이 자신보다 아이에 대해 더 잘 알고 있다고 생각했는가?
내 속으로 낳은 아이를 계속 마음과 머리에 포함하고 있는 엄마는 "엄마가 너보다 너를 잘 안다"고 말하며, 자녀가 원하는 방향으로 따라오지 않으면 배신을 당한 듯 괴로워한다.

전문가나 책에서 시키는 대로 했는가?
아이가 태어나자마자 자녀 교육 서적을 찾아 읽으며 저자가 말한 발단 단계에 맞추려 하고, 거기에 미치지 못하면 안달을 낸다.

아이를 울리지 않으려고 노력했는가?
아이를 울려선 안 된다는 데 너무 초점을 맞춘 나머지 무서운 얼굴로 아이를 꼼짝 못하게 만들어 울음을 '뚝' 그치게 한다.

체벌하지 않고 다그치지 않으니 괜찮다고 생각했는가?
엄마의 실망하는 표정도 아이에게 체벌이나 언어폭력처럼 굉장한 위력으로 다가온다.

프롤로그

엄마가 아이를 아프게 한다

도넛 집에서 커피를 한잔 시켜놓고 약속한 사람을 기다리고 있던 때였다. 의도하지 않게 옆자리에 앉은 한 젊은 엄마와 초등학교 4학년쯤 되어 보이는 아들이 도넛을 나눠 먹으며 이야기하는 걸 듣게 되었다. 아마도 모자가 밖에 나와 조용히 이야기 나누고자 한 모양이다. 그런데 듣다 보니 대화라기보다 엄마 혼자 이야기하는 것에 가까웠다. 아이는 말없이 뚱한 표정으로 열심히 먹기만 했다. 어쩌다 아이가 입을 열면 엄마는 끝까지 다 듣지 않고 "그런데" 하면서 말을 가로막았다. 자세한 내용은 모르겠지만 엄마는 "나도 네가 무슨 말 하는지 알아, 그렇지만" 하면서 화제를 다른 쪽으로 이끄는 듯싶었다. 그러다가 아이에게 "엄마와의 약속을 지키지 않았다"고 나무라기도 했다.

나중에 집에 돌아가 그 엄마가 아이와 충분히 이야기를 나눴다고 생각할까봐 걱정이다. 요즘 젊은 엄마들은 옛날 어머니와 달리 '아이와 모든 이야기를 나눈다'고 자부할지도 모른다. 하지만 엄마들이 정말 아이의 마음을 알아듣고 알아보고 있는지, 아니 들으려 하고 보려 하는지 의문이다. 엄마가 일방적으로 아이에게 (부드럽고 세련되게) 명령하고 지휘하듯 대하는 것이 아닌지, 그런 상태에서 아이들이 고통을 받고 있는 것이 아닌지, 걱정되는 일들이 요즘 들어 부쩍 눈에 많이 띈다.

그런데 자세히 들여다보면 엄마 자신은 아이를 아프게 하고 있다는 것을 모르는 듯하다. 그날, 약속 장소로 나오다가 대여섯 살 여자아이가 "엄마, 엄마" 하고 울면서 엄마 곁을 종종걸음으로 따라가는 걸 보았다. 건널목 앞까지 꽤 긴 거리를 아이는 그렇게 울면서 엄마 뒤를 따라갔다. 그런데 엄마는 냉정하게 들은 척도 하지 않았다. 건널목 앞에서 아이는 엄마 뒤를 더 이상 따라가지 않고 엉엉 울면서 서 있고, 엄마는 혼자 길을 건넌 후 잔뜩 화가 난 얼굴로 건너편에 서 있는 아이를 바라보고 있었다. 아이 엄마에게 왜 그러는지 묻고 싶었다. 왜 아이의 마음을 그렇게 몰라주고 냉정하게 대하는지.

누구나 아이였을 때, 나중에 어른이 되면 자기 마음을 몰라주던 엄마 같은 사람은 되지 않겠다고 한번쯤 생각했을 것이다. 좀 더 심한 사람들은 자기 엄마 같은 엄마가 될까봐, 혹은 엄마 노릇이 두려워 아예 엄마 되기를 포기하기도 한다. 아이를 사랑하며 얻는 즐거움과 행복보다 아이 기르는 일을 힘들어하고 부담스럽게 생각하는

니(여성을 지칭하는 말로 '니'를 사용했다)의 모습이다. 내 품에 온 아기를 사랑하는 엄마가 되고 싶었던 어린 시절의 나와는 영 다른 모습의 요즘 니들이다.

왜 그런지 궁금하다. 우리 때보다 남자와는 더 쉽게 만나 사랑을 나누면서도, 사랑의 결과로 품에 온 아기는 큰 짐이라도 되는 양 버거워한다. 여러모로 우리 때보다 더 살기 좋아졌다는데, 엄마 노릇은 피하고 싶은 고역이 되었고, 엄마로 사는 걸 즐길 수 없는 실정인가 보다.

왜 그럴까? 거기에는 반드시 원인이 있다. 나를 포함한 우리 세대 어머니들에게도 책임이 있다. 우리가 그들을 아프게 한 대로, 그들도 사랑하는 자녀를 아프게 하고 있는 것이다. 아, 물론 우리 세대 어머니들도 아이를 사랑해서 한 일이라고 말한다. 사랑해서 그랬다고 굳게 믿고 있으니까. 추호도 잘못했다 생각하지 않고, 오히려 자식들을 위해 희생한 삶을 치하받아 마땅하다고 생각한다. 자녀들이 가슴에 달아주는 카네이션과 "어머니 사랑은 하늘보다 높고 바다보다 넓다"고 불러주는 노래를 당연하다고 여기고 있다.

그런데 엄마가 사랑한다고 한 행동이 아이들에게 사랑으로 전해지지 않았다면, 그 사랑을 받는 아이들은 고역이었을 것이다. 인공 조미료 쓰지 않고 정성스럽게 해먹이고, 곱게 입히고 깨끗이 가꾸어 학교 보냈는데 그게 왜 사랑이 아니냐고 물을지 모른다. 하지만 가슴에 손을 얹고 잠시 생각해보자. 정말 사랑하는 마음으로 아이를 돌보았는지, 아니면 아이에게 해주는 걸 '일거리'로 생각하고 성심껏 잘해낸 것뿐인지.

사실 엄마가 아이에게 필요한 것을 모두 알아서 해준다는 것은 불가능하다. 아이가 필요로 하는 것, 원하는 것이 엄마 생각과 다를 수밖에 없기 때문이다. 우리 세대 어머니들에게 부족한 면이라면, 아이를 위해 넘치게 해주고 희생했지만, 정작 아이가 필요로 하고, 원하는 것을 몰랐다는 것이다. 아이와 '느낌'을 공유하고 나누지 못했기 때문이다. 그래서 헛수고한 것이다. 사랑은 가슴으로 느끼는 것이지, 손발로 돌본다고 끝나는 것이 아니다.

그런 우리 어머니들 때문에 젊은 사람들이 엄마가 되는 바로 그 감격의 느낌을 모르게 되었다. 그래서 엄마 노릇을 힘들게 여긴다. 어머니가 자신을 기르면서 힘들어하던 모습만 뇌리 깊이 자리하고 있으니까, 그것밖에 경험한 것이 없으니까, 어쩔 수 없다. 지금의 젊은 엄마 손에 자란 아이가 훗날 엄마가 되면 또 아이의 느낌을 몰라주는 짓을 다음 세대에게 반복해 물려줄지도 모른다. 이제 사랑의 감격이 없는 삭막한 역사, 악순환의 고리를 끊어야 하지 않을까. 우리 엄마들의 문제를 드러내고 스스로 변화해야 한다.

이 책은 엄마들을 공격하려 쓴 것이 아니다. 엄마 스스로도 체험하지 못했고, 모를 수밖에 없어서 그렇게 살고 있다는 것을 함께 알아가자는 것뿐이다. 엄마는 자녀를 진짜 사랑할 수 있게 되고, 아이가 그 진짜 사랑을 먹고 건강하고 행복하게 살게 하고 싶어서다. 모든 엄마들이 아이와 함께 늘 기쁘고 행복하게 살기를 바랄 것이다.

첫째 장에서는 아이를 불행하고 아프게 하는 엄마들의 모습을 함께 이야기해보고자 했다. 그래서 때로는 듣기 거북한 이야기도 있을 것이다. 하지만 우리가 건강하지 않을 때 나타나는 증상이었다고 여겨주었으면 한다. 건강해지면 없어질 증상이니 열 떨어지기를 기다리는 마음으로 피하지 말고 읽어보자. 당신 역시 사랑에 굶주리고 목말라서, 마음이 아파서 그런 것이고, 몰라서 그랬을 뿐이니 자신의 잘못만이 아니라고 생각해도 좋다.

둘째 장은 우리 엄마들의 행동의 뿌리를 캐내보려는 시도이다. 서구와 다른 우리나라 사람만이 가진 심리 구조로 엄마의 마음을 풀어보았다. 그것은 바로 '포함'이라는 행동 단위이다. 나 혼자 살지 않고 자신과 남편과 부모를 모두 내 마음과 머리에 품고 사는 우리 엄마들의 행동 방식 말이다. 독일계 영국인인 내 학위 지도 교수는 끝까지 우리의 '포함' 행동 단위를 이해하지 못했다. 그런데 신통하게도 우리나라 엄마들은 너무나 잘 이해한다. 자기가 왜 이렇게 살고 있는지 잘 설명이 되니까.

셋째 장은 우리 사회 문화의 습속 문제를 다뤘다. 아무리 현대 교육을 받았어도 엄마들을 구속하는 우리네 사회 문화 환경이 있다. 옛날과는 또 다른 삼종지도(三從之道)가 있다는 말이다. 대학에서 여성학을 공부했어도 엄마 역할을 해나가는 데 있어서만큼은 함께 고민하고 도와주는 이가 없기 때문에, 주관 없이 자꾸 다른 사람을 따라하는 것이 현대판 삼종지도이다.

넷째 장에서는 기억할 수도 없는 어린 시절의 경험이 현재에 얼마나 큰 영향을 주는지를 말하고 싶었다. 만약, 어린 시절에 마음에 상처를 입었다면 그 잔해가 얼마나 오래 지속되는지 모른다. 그 영향에서 벗어나는 치유 과정이 없다면, 개인뿐만 아니라 사회에 미치는 영향 또한 크다는 것을 경고하고자 한다.

다섯째 장은 아이와 느낌을 공유하고 나누기 위해, 엄마 먼저 어린 시절 묻어둔 자신의 느낌을 되찾는 방법을 배우는 장이다. 알트루사에서는 의식하지 못해서 자기도 모르고 있었던 느낌을 개발하는 과정을 개인 상담, 집단 상담, 심리학 교실을 거치며 하고 있다. 그 과정을 이 장에서 많은 엄마들과 나누고자 한다.

여섯째 장은 느낌을 되찾은 건강한 엄마들이 어떻게 바뀔 수 있는지 희망을 이야기한다. 치유받아 마음이 건강해지면 몰라볼 정도로 다른 사람이 된다. 나는 그런 엄마들의 변화와 성장을 늘 눈

앞에서 보기 때문에 희망을 확신한다.

엄마가 건강해지면 들리지 않던 아이의 신음 소리가 들린다. 남편이 하던 말이 불평이 아니라는 것도 느끼게 된다. 그래서 이 책을 다 읽은 후 책장에 그냥 꽂아두거나 버리지 않기를 바란다. 다 같이 건강해질 수 있도록 다른 니와 함께 읽고 속 이야기를 나누어보자. 자신을 보기 위해서는 거울이 필요한데, 내 마음의 거울 역할을 다른 사람이 해줄 수 있다. 좋은 책을 읽고 감동받고도 정작 삶의 현장에서 다시 과거로 돌아가는 경험을 많이 했을 것이다. 자신이 바뀌지 않으면 아무리 책을 많이 읽어도 소용이 없다. 그러니 다른 니와 느낌을 공유하며 함께 바꿔보도록 노력하자.

이제, 아이의 눈을 들여다보자. 아이의 느낌을 보기 위해 노력하자는 것이다. 아이의 눈이 슬픔을 이야기하면 함께 슬픔을 나누자. "도대체 왜 그러는 거야?", "그러지 좀 마" 하고 윽박지르지 말고, 아이의 눈이 비어 있으면 엄마 눈에 눈물을 가득 담고 꼭 안아주자. 아이 탓이 아님을 잘 알지 않는가? 아이 눈에 분노가 차 있으면 표현하도록 도와주자. 아이가 자신을 파괴하거나 다른 곳에서 엉뚱한 짓을 하도록 놔두면 안 되지 않는가? 아이 눈에 사랑이 있으면 같이 기뻐하자. 험한 세상에서 얼마나 손해 볼까 걱정하며 계산하지 말자. 사랑의 힘을 가진 아이는 그 어떤 힘을 가진 이보다 강하지 않겠는가?

이번엔 남편의 눈도 들여다보자. 어렵다고 여겼던 시어머니의 안색도 살펴보고. 뒤에서 흉보기 좋아하던 이웃 아줌마에게도 말 걸어보자. 전혀 다른 대화를 할 수 있을 것이다. 그리고 친정어머니와도 서로의 느낌을 공유하며 새로운 관계를 만들어보자. 물론 이 글을 쓴 나와 이야기 나누어도 좋다. 언제라도 좋다. 소통하기 위해 노력하는 니는 늘 환영이다.

이 책이 나오는 데 수고해주신 신미경 님을 비롯해 위즈덤하우스에 감사를 전한다.

ㅁㅇㅎ

Contents

프롤로그 엄마가 아이를 아프게 한다 · · · · · · · · · · 6

1 아이에게 바치는 엄마의 반성문 · · · · · 18

엄마 같은 엄마는 안 되려 했는데 · · · · · · · · · 22
목표를 이루어야 사랑받을 자격이 있는가 · · · · · · · 26
가정이 인권 사각지대라는 불편한 진실 · · · · · · · 30
아이가 정말 행복하길 바란다면 · · · · · · · · · · 34
아이의 어두운 마음을 외면하는 엄마 · · · · · · · · 39
자식의 겉만 억세게 보살피고 있다 · · · · · · · · · 44
남 하는 대로 따라하는 엄마 · · · · · · · · · · · 48
내 아이만 잘되면 된다고 생각한다 · · · · · · · · · 52

2 아이를 품고 사는 엄마의 행동 단위 '포함' · · · 56

자식을 평생 '포함'하고 사는 엄마들 · · · · · · · · 60
한국판 '여자의 일생' · · · · · · · · · · · · · 64

전업 아빠가 어때서 · · · · · · · · · · · · · · · 68
포함하든 안 하든 죄책감을 갖는다 · · · · · · · 73
'구원'도 가족 단위로 받고 싶어한다 · · · · · · 77
엄마 역할만 열심히 한다 · · · · · · · · · · · · · 81
엄마 혼자 뛰는 건가 · · · · · · · · · · · · · · · 85
아이는 엄마의 용병이 아니다 · · · · · · · · · · 91
모르고 주는 상처 · · · · · · · · · · · · · · · · · 95
엄마의 목소리 볼륨을 줄여요 · · · · · · · · · · 99

3 엄마 노릇 힘들게 만드는 사회 문화의 습속 · · · 104

공부 안 하면 커서 실패한다 · · · · · · · · · · · 109
아빠 노릇을 왜 엄마가 하는가 · · · · · · · · · 113
돈으로 아이를 기르고, 돈만 버는 아이로 교육시킨다 · · · · 117
현대판 삼종지도를 따르며 살고 있다 · · · · · 121
엄마 노릇도 어머니 따라하고 있다 · · · · · · 125
마음의 건강을 돌보지 않는 사회 · · · · · · · · 129
체면이 그렇게 중요한가 · · · · · · · · · · · · · 133
다른 사람이 있고, 나도 있다 · · · · · · · · · · 137
어른스러운 아이가 좋다? · · · · · · · · · · · · 142

4 어린 시절을 되돌아보다 · · · · · · · 146

어린 날의 상처 치유하기 · · · · · · · · · 151
어떻게 해야 내가 엄마 마음에 들까요 · · · · · · · 154
엄마의 위성으로 살아가는 딸 · · · · · · · · · 157
원래부터 그런 아이는 없다 · · · · · · · · · 161
나만 아는 아이, 다른 사람 눈치만 보는 아이 · · · · · 165
부모의 싸움은 자녀에게 전쟁과 같은 공포다 · · · · · 170
'짜증'으로밖에 표현하지 못하는 마음 · · · · · · · 173
꽃으로도 때리지 말라 · · · · · · · · · · 177

5 어린 시절 상처를 치유한 어른 엄마 되기 · · · 180

네 자신을 인정하라 · · · · · · · · · · · 185
어린 시절로 되돌아가보자 · · · · · · · · · 190
희망의 빛이 절망의 어둠을 이겨낸다 · · · · · · · 195
과거로부터 자유로운 사람은 없다 · · · · · · · 199
엄마가 된다는 것 · · · · · · · · · · · 203
하루아침에 되지 않는 것 · · · · · · · · · 208

6 아이의 마음을 공감하는 좋은 엄마 · · · · · 212

흔들리는 아이의 눈빛을 읽고 이해한다 · · · · · · · · 216
느낌의 세계를 어떻게 전해야 하나 · · · · · · · · · 220
자신을 바꾸는 것이 관계 개선의 첫 번째 방법 · · · · · 224
우리를 위한 변화 · · · · · · · · · · · · · · · 228
콤플렉스에서 벗어나다 · · · · · · · · · · · · · 231
엄마를 위해 사는 자식을 만들지 마라 · · · · · · · · 235

변화의 목소리

1 엄마 마음에 들기 위해 애쓰던 아이 · · · · · · 240
2 다른 사람의 눈에도 달라진 것이 보인다 · · · · · 246
3 우리 엄마가 달라졌어요 · · · · · · · · · · 250
4 내 마음 찾기 · · · · · · · · · · · · · 256
5 소중한 눈물 · · · · · · · · · · · · · 263

에필로그 아이를 사랑하며 살기 위하여 · · · · · · · · · 269

엄마라면 한번쯤, 자신이 아이를 향해 내지른 소리에
놀란 경험이 있을 것이다. 아득히 먼 어린 시절 내 어머니에게
들었던 그 목소리가 자신에게서 튀어나와 당황하지 않았는가?
그리고 보니 내가 지른 소리에 어쩔 줄 몰라 하는
아이 얼굴에서 어린 시절 나의 얼굴이 보인다.

1
아이에게 바치는 엄마의 반성문

자식을 엘리트로 키우기 위해 호랑이처럼 몰아붙이는 엄마들이 있다. 서점에 가보면 그렇게 하라고 가르쳐주는 책이 즐비하다. 그 책이 시키는 대로 엄마가 세운 목표를 자녀가 세운 목표인 양 내세우며 앞으로 나아가라고 다그치며 아이의 미래를 쥐락펴락하려 한다.

아이를 기르는 것은 무엇보다 중요한 일이다. 그 아이의 인생이 달려 있는 데다, 엄마가 잘못했다고 해서 되돌릴 수도 없기 때문이다. 아이의 삶, 첫 단계에서 최초로 만나는 사람이 바로 '엄마'이다. 엄마는 아이를 보살피면서 사랑을 느끼게 해주는 역할을 담당해야 한다. 충분한 사랑을 받고 인정받은 아이는 평생 자신감을 가지고 자기답게 삶을 살아갈 수 있다. 따라서 양육의 전제 조건은 '엄마가 아이를 제대로 알아주는 것'이다. 엄마가 아이의 마음을 알아볼 안목이 없고, 숨소리·웃음소리·울음소리·신음 소리를 들을 귀가 없다면, 아이는 이 넓은 세상에서 믿을 사람이 아무도 없게 된다.

미래의 꿈에 대해 써보라는 숙제에 아이는 되고 싶은 미용사를 적으려 하지만, 엄마는 "너 어렸을 때 병원놀이 하면서 의사 선생님 되고 싶다고 했잖아"라며 자녀의 꿈을 '의사'로 몰아간다. 그리고 틈만 나면 "의사가 되려면 공부 열심히 해야 해"라고 주문을 한다. 미용사가 되고 싶은 자신의 꿈을 알아주지 않는 엄마 앞에서 아이는 자기를 표현할 동기를 잃는다. 알아듣지 못할 사람에게는 말하고 싶지 않은 것이다. 그리고 이렇게 표현하기를 주저하게 되면 다른 사람과 생각을 나누지도 못한다.

우리가 인생을 살아가는 데 있어 가장 필요한 것은 자신의 가능성에 대한 믿음이다. 그리고 다른 사람들과 함께 협력하며 살아가는 서로에 대한 믿음이다. 이 믿음은 어린 시절 엄마와의 사이에서 잉태되고 자라 힘을 얻는다. 그리고 성장하며 가정에서 가족과 교감하고, 이웃 친구들과 함께 어울리고, 학교에서 훈련받으며 자신의 삶을 운영할 원칙과 틀을 만들어간다.

우리 엄마들이 그런 과정에서 적합하게 아이들을 알아주고, 잘 돕고, 지원해주고 있는가를 첫 장에서 들여다보려고 한다.

엄마 같은 엄마는
안 되려 했는데

엄마라면 자녀와 느낌을 소통하는 것이 기본인데 그렇지 못한 경우가 많다. 그 문제를 먼저 이야기하려 한다. 엄마가 아이를 알아준다면 아이는 스스로 자신을 알아갈 수 있다. 엄마와 아이가 아무리 대화를 많이 하더라도 서로 소통하는 느낌이 없다면 이는 심각하다.

엄마라면 한번쯤, 자신이 아이를 향해 내지른 소리에 놀란 경험이 있을 것이다. 아득히 먼 어린 시절 듣고 놀랐던 그 소리가 자신에게서 튀어나와 당황하지 않았는가? 그리고 보면 내가 지른 소리에 어쩔 줄 몰라 하는 아이 얼굴에서 어린 시절 나의 느낌을 선명하게 다시 보게 된다. 엄마에게 이해받지 못한다고 느꼈던 슬픔, 그리고 나는 엄마가 되면 저렇게 하지 않을 거라는 다짐. 그런데 어쩜 그렇게 엄마와 똑같이 내 아이에게 하고 있는지 놀라고 서글펐을 것이다.

유난히 더웠던 어느 여름날, 전철에서 본 두 모녀가 떠오른다. 젊은 엄마 둘이 각기 두세 살쯤 된 딸을 데리고 앉아 있었다. 아이 하나는 바지를 입고 다른 하나는 풍성한 치마를 입었다. 더운 날씨에 시원한 치마가 제격이었을 것이다. 그런데 바지를 입은 아이 엄마보다 치마를 입은 아이 엄마가 유난히 자녀의 앉은 자세에 신경을 쓰고 있는 것이 보였다. 작은 몸으로 아이가 다리를 가지런히 하고 앉아 있기에는 의자가 너무 높았다. 어른 몸에 맞게 만들어진 의자에 앉아 있자니 자세는 흐트러질 수밖에 없었다. 그런데 엄마는 줄곧 아이의 다리를 오므려주고 있었다. 아이의 속옷이 보이는 게 마음 쓰인 것이다. 그 엄마가 어렸을 때 아마 어머니가 그와 같은 행동을 하지 않았을까 싶다.

상담받으러 온 여성들이 처음에는 가슴 아픈 이야기를 하면서도 잘 울지 못한다. 소리 내어 시원스럽게 울지도 못하고 억지로 참으며, 그래도 흐르는 눈물을 연신 손수건으로 찍어낸다. 예외 없이 우는 것을 금지당한 어린 시절을 보낸 이들이다. 그런 사람들은 자기 아이가 우는 것도 참지 못한다. 좋은 엄마는 자녀가 울고 싶은 상태에 놓이지 않게 길러야 한다고도 생각한다.

배고프다고 느끼기 전에 미리 먹을 것을 주고, 졸려서 칭얼거리기 전에 업어 재우고, 기저귀는 젖자마자 갈아준다. 아이를 울리지 않기 위해 필사의 노력을 하며, 그렇게 하는 것이 욕구불만이 생기지 않도록 잘해준 것이라고 생각한다. 그러나 아기는 배고프고, 졸리고, 축축한 자기만의 느낌을 가져볼 기회가 없기 때문에, 우는 것으로라도 자기 느낌을 표현할 기회마저 잃게 되는 것이다. 그리고 자기의 표현에 대응해주는 어른과 교감을 주고받으며 만들어가야 할 관계도 제대로 맺지 못한 채 자라게 된다. "나서부터 순한 아이였다"는 평을 달고 살지만, 그런 아이는 착하고 순해서라기보다 울 기회가 없었기 때문에 그렇게 되었는지 모른다.

어떤 엄마는 아이가 울면 안 된다는 데 너무 초점을 맞춘 나머지, 무서운 얼굴로 아이를 꼼짝 못하게 만들어 울음을 '뚝' 그치게 하기도 한다. 하지만 억지로 울지 못하게 하면 아이가 자신의 느낌을 부정하게 되는 결과를 낳는다. 그렇게 아이 때부터 자신의 느낌을 억제하게 되면 의식 선상에 떠올릴 느낌조차 없어지고 만다.

집에서는 엄마 말 잘 듣고, 학교에서는 선생님 말 잘 듣고, 사회에서는 권위자의 말을 잘 따르도록 하는 것이 과연 잘 자라게 이끄는 것일까. 아이 스스로 느끼고 생각하고 판단하고 행동할 기회를 없애면서 말이다. 결국 이런 아이들은 훗날 엄마 노릇도 자기만의 방식을 찾아 실천하지 못하게 된다. 더욱이 엄마는 베풀고 아이는 수동으로 받기만 하는 일방통행은 문제가 있다. 엄마가 아이를 아무리 사랑하고 위한다 해도, 엄마 역시 완벽하지 않기 때문에 악의가 없더라도 자녀를 임의대로 조정하는 폭군으로 변모할 수 있기 때문이다.

아기가 옹알이를 할 때 그 어조에서 느낌을 알아채고, 적합하게 대응해주어야 한다. 자녀가 우는 것을 겁내지 말고, 울음의 결을 세심하게 듣고 해석해보자. 어른의 문법으로 아이의 표현을 재단하지 말아야 한다. 그래야 아기가 자신의 느낌을 알아주는 환경을 신뢰하고, 자신 있게 자기를 더 잘 표현할 수 있다. 그리고 이런 바탕에다 자신의 의도를 포기하지 않고 밀고 나가는 어른으로 평생 살 씨앗을 심고 키우게 된다. 그러면 내 딸은 나와 다른 엄마가 될 것이다.

목표를 이루어야
사랑받을 자격이 있는가

엄마에게 아이의 학업 성취는 매우 중요하다. 하지만 그 중요성을 너무 강조한 나머지 공부만 잘하면 아이의 마음이 병드는 것도 상관하지 않는 것이 심각한 문제다. 자녀의 마음의 병을 방치하는 것은 엄마의 직무 유기다.

기막힌 이야기를 들었다. 내가 아는 여고생이 전교에서 일등 하는 친구가 죽고 싶다고 했다며 속상해했다. 전교 일등 친구와 가까이 지내면서 숨겨진 그 일등생의 속내를 듣고 놀란 모양이다. 그 얘기를 듣고 나 역시 놀라기도 했고, 가슴 한편이 아릴 정도로 아팠다.

대부분 엄마들이 자녀가 일등만 한다면 더 바랄 것이 없다고 한다. 그래서인지 일등만 할 수 있다면 뭐든 뒷바라지해주려고 노력한다. 그래, 여기까지는 좋다. 그런데 자녀가 일등만 할 수 있다면 뭐든 다 괜찮다고 여기는 것이 문제다. 아이의 성격이 괴팍해져도, 표정이 어두워져도 그런 모습은 눈에 들어오지 않는다. 아이의 마음이 어찌 되든 건강이 어찌 되든 일류 대학만 가면 좋다고 생각한다. 일류 대학에만 입학하면 자동차를 사주겠다, 배낭여행을 보내주겠다하며 온갖 회유책을 써가며 목표를 향해 끌고 간다.

 일등 하는 여학생이 스스로 목표를 설정하고 열심히 공부해서 일등을 했다면 죽고 싶다는 생각을 했을까? 우리나라 학생들을 다 모아놓고 물어보자. 공부하는 걸 재미있어하는 아이가 대체 몇이나 될까?

 일등 하는 아이의 증상에 대해 들어보니 분명 우울증에 빠져 있는 것 같아 걱정이 되었다. 잠도 못 자고 침체되어 꼼짝도 할 수 없단다. 아침에 일어날 수도 없고, 살고 싶은 마음도 없다며 너무나 힘들어했다. 아이의 그런 모습을 보고 엄마는 신경정신과에 데려갔단다. 하지만 아이의 침체된 상태를 끌어올리는 약을 처방받는 데 그쳤다. 그렇게 아이의 아픈 마음을 치료하지 않고 공부하는 기능만 다시 돌아가게 만들었다. 멈춘 자동차에 오일을 넣듯, 엄마는 화학 약물을 끄나풀 삼아 아이를 꼭두각시 인형처럼 억지로 움직이게 하고 있다.

 사람이 몸과 마음으로 이루어졌다는 것은 옛날부터 당연히 알고 있는 일이다. 사람답게 살려면 이 두 영역이 모두 건강하게 살 기회를 누려야 한다. 엄마가 아이를 '사람'으로 보아준다면 몸과 마음이 제대로 자라도록 보살펴야 하지 않을까. 몸이 건강하도록 지켜주듯이 마음을 어루만져주어야 한다.

 자녀가 참다 참다 너무 힘들어 "힘들다"고 토로하면, 엄마는 "그래 얼마나 힘드니 쉬어가면서 하자"고 다독여야 한다. 그런데 그 학생 엄마는 "그럼 그만둬라"고 한단다. 얼마나 무감각한 표정으로 냉담한 어조로 말했을지 짐작하기 어렵지 않다. 세상에 기댈 유일한 보호자인 엄마의 말에 16년 삶을 휘둘리고 지낸 아이가 그만두라고 해서 정말로 그만둘 수나 있겠는가. 아이는 엄마의 방침에 평생 감옥살이를 하고 있다.

일등 여학생처럼 엄마의 방침에 따르다 '잘되어' 원하던 대학에 간 또 다른 아이의 얘기를 이 엄마에게 들려주고 싶다. 공부만 잘하면 문제가 없는 줄 알고 있었던 한 엄마가 상담실을 찾아왔다. 자녀가 어려서부터 공부를 잘했고, 별로 어렵지 않게 특목고를 졸업하고 원하는 대학에 진학했다. 아이가 원하는 대학에 입학하자 엄마는 원을 푼 듯 행복했단다. 그런데 대학에 입학한 아이는 심각한 어려움을 겪게 되었다. 엄마의 뜻에 따라 공부하느라 친구들과 가깝게 지내지 못했던 터라, 대학 사회에서 복잡해지는 인간관계를 소화할 수 없었던 것이다. 다른 사람의 반응이 자기 머리로는 이해되지 않으니 오해가 생겼고, 오해를 풀 줄도 모르니 더욱 쌓였다. 다른 사람에 대한 이해가 부족해 협력할 줄 모르다 보니, 학교에서 친구를 사귀고 활동하는 것이 모두 힘들어졌다. 급기야 아이는 환각 증세까지 생겼다.

자녀가 이런 문제를 경험하는 것을 보자, 엄마는 아이뿐만 아니라 자신에게도 도움이 필요하다는 것을 알게 되었다. 이제라도 문제를 알고 풀어갈 마음을 가지게 되었으니 다행이다.

지금이라도 늦지 않았다. 소를 잃은 후에라도 외양간은 고쳐야 한다. 자식의 마음보다 공부를 우선시했던 엄마라면, 이제 아이의 마음 건강에 몸 건강만큼 정성을 쏟기 바란다. 그러기 위해서는 엄마 자신이 마음의 영역을 알아가야 한다. 그러고 나서 자녀의 마음에서 나는 소리를 들을 수 있는 귀를 열자. 이비인후과에 가서 받는 귀 검진이 아니라 마음의 귀가 제대로 들리는지 건강 검진을 받아야 한다. 자녀의 마음을 볼 수 있는 마음의 눈도 뜨자. 마음을 보지 못하는 소경으로 살지 않게 마음의 눈을 검진받아 수술이 필요하다면 수술이라도 받아야 한다. 따뜻한 가슴에 아이를 품고 젖을 먹였듯이, 사랑의 온기로 아이를 포근히 감싸 안아 마음의 평안을 되찾게 해주어야 한다. 그렇지 않으면 엄마는 직무유기다. 아이를 망치는 엄마가 되어서야 되겠는가?

가정이 인권 사각지대라는
불편한 진실

가정이 아이들의 인권 사각지대다. 이런 말을 하면 엄마들은 절대 아니라고 자신은 아이를 존중한다고 고개를 내젓는다. 그러나 말을 듣지 않는다고 큰소리로 야단치고 체벌하고, 또 바쁘다는 핑계로 아이를 제대로 보살피지 못하는 우리의 일상이 바로 아이들의 인권을 지켜주지 못하는 모습이다.

환하게 웃는 건강한 여학생 얼굴을 담은 신문 광고를 봤다. '어른이 되어가는 17세'라는 말이 큰 글씨로 씌어 있었다. 궁금해서 작게 쓰인 글씨도 꼼꼼하게 읽어봤다.

어른이 된다는 것은 선택에 대한 책임을 진다는 것이다. 자율이 주어지지 않으면, 선택도 책임도 배울 수 없다. 아이들의 인권을 존중할 때, 공존과 협력의 소통 방법을 스스로 배우고 자율도 책임도 생긴다. 아이들의 인권을 존중할 때, 학교는 더불어 배우고 함께 성장하는 즐거운 곳이 된다.

교육청에서 '학생인권조례'를 선포하면서 낸 광고였다. 아이의 인권을 학교에서 지켜주자는 데 찬성하지 않는 사람은 아마도 없을 것이다. 그러나 학교의 방침이 제대로 빛을 발하려면 가정에서 먼저 자녀의 인권을 보호해주어야 한다. 이는 아이가 스스로 자신이 소중하다는 것을 알고, 자신의 요구가 충족될 것을 믿어 의심하지 않는 안정된 가정이 되어야 한다는 의미다. 또한 부모와 다른 가족이 모두 서로 마음을 나누고 알아주며 존중하는 관계를 아이가 눈으로 보고 경험하며 자라야 한다. 그래야 자신의 권리만 주장하는 자기중심적 인간이 아닌, 자신은 물론 다른 사람의 권리도 지켜주는 성숙하고 책임감 있는 어른으로 자라나게 된다.

아이가 가정에서 존중받지 못하고 위협당하거나 무시당하며 자라면, 자신이 필요한 것을 정당하게 요구할 줄 모르게 되고, 외부 권위와 기준에 맞추기에 급급해지고 만다. 아니면 자신의 욕구를 채우기 위해서 외부의 요구를 무시하고 규범을 존중하지 않는 사람이 된다.

가족 사이에서 서로 권리를 지켜주지 않고, 당연히 해야 할 의무 역시 경험하지 못하고 학교에 간 아이를 생각해보자. 갑자기 주어진 권리를 주장할 수 있을까? 학교에서 만난 친구와 어른들을 배려할 줄 알까? 그렇게 자란 아이는 자기가 불편해지는 것을 싫어한다. 그러나 자신이 다른 사람에게 준 불편에 대해서는 무감각하다.

상담실에서 만난 여성들이 "부모님이 매우 엄격했다"고 말하곤 한다. 그런데 듣고 보면 부모가 큰소리로 야단친 것, 아니면 체벌한 것을 엄격했다고 표현한다. 엄격하다는 것은 규칙이나 규율에 매우 철저하고 바르다는 의미이기 때문에, 엄격한 부모는 자녀가 규칙을 지키지 않으면 바른길로 가도록 이끄는데, 그 수단이 반드시 매가 될 필요는 없다. 큰소리로 혼이 나거나 체벌을 당한 아이는 그 순간을 모면하는 데 급급하고, 부모 몰래 등 뒤에서 딴짓을 하고 들키지만 않으면, 그래서 맞지만 않으면 된다고 생각하게 된다.

큰소리와 체벌 없이도 엄격한 부모가 될 수 있다. 엄마가 만드는 일방적인 규칙이 아니라, 아이와 함께 규칙을 만들고, 부모도 그 규칙을 함께 지켜가기 위해 노력한다면, 부모가 눈을 부릅뜨고 지켜보지 않아도 자녀 스스로 알아서 하게 된다. 엄마가 가져야 할 것은 큰 목소리와 체벌하는 강한 힘이 아니라, 자녀를 제대로 알아보는 눈과 마음을 느끼는 가슴이다.

짜증 나고, 화난다고 해서 자녀에게 화풀이하듯 소리 지르고 폭력으로 다스리지 말라. 아이들이 할 만한 것을 제안하면 분명 부모의 말을 듣게 되어 있다. "이렇게 해라!", "그건 안 돼!"라는 명령 투의 말을 전혀 할 필요가 없어진다.

19세기에 태어나신 나의 어머니는 학교교육을 많이 받지 못하셨다. 철학이나, 심리학, 교육학 같은 것을 공부하신 적도 없다. 그런 어머니였지만 어린 시절 우리 남매를 존중해주셨다. "하지 말라"는 금지 사항을 말하는 대신 관심과 사랑을 주셨다. 어머니에게 잔소리와 매 대신 관심과 사랑을 받으며 자란 우리들은 부모님이 걱정하실 일도 하지 않았고, 사회에 나와서도 제 몫을 잘해내고 있다.

무감각한 엄마가 자녀에게 얼마나 깊은 상처를 남기는지 상담실에서 많이 보아왔다. 엄마가 무감각하다는 것은 아이에겐 아주 견디기 힘든 인권 침해이다. 눈앞에 존재하지 않는 듯이 아이를 취급하는 엄마들이 있다. 물론 그들에게도 그럴 수밖에 없는 이유가 있다. "너무 바쁘다"는 이유가 제일 많다.

엄마가 돌아보지 않을 때 아이는 말썽을 일으킨다. 야단이라도 맞아가며 자신의 존재감을 느끼고 싶기 때문이다. 아무도 관심을 가져주지 않는 처지, 특히 제일 사랑받고 싶은 엄마의 마음에서 제외되어 있다는 느낌은 아이에게는 아주 견디기 힘든 일이다. 자기가 죽어도 엄마는 슬퍼하지 않을 거라고 생각하는 아이의 속내를 언제까지 외면하고 있을 것인가?

아이는 사랑받을 권리가 있다. 그리고 엄마는 아이를 사랑할 책임이 있다.

아이가 정말 행복하길 바란다면

자식이 행복하기를 바라지 않는 엄마가 어디 있겠는가 하면서도, 현실에서 아이의 행복을 방해하는 엄마들을 늘 본다. 경쟁 사회에서 행복해지려면 이겨야 한다고 여기는 엄마가 정말 자녀가 행복하길 바랄까 의문스럽다. 아이 스스로 자신을 발견할 기회를 주지 않으면서 말이다.

　신문에 실린 '행복 교과서'로 배우는 '나만의 행복'이라는 기사를 반갑게 읽었다. 드디어 아이들의 행복이 우리나라 교육계의 목표가 되고 있다는 사실에 감사하는 마음으로 흥분했다. 기사에서는 한때 교육부 장관을 지낸 분이 주도하여 중학교용과 고등학교용 행복 교과서를 만들고 있다고 했다. 입시 경쟁에 매몰되지 않고 행복할 수 있는 능력을 스스로 키우도록 돕자는 뜻에서 만드는 것이다. 심리학을 연구하는 자문위원 팀이 '행복의 열 가지 원리'를 만들었다고 소개했다.

　엄마는 자식이 평생 행복하기를 진심으로 바란다. 자신은 행복하지 못해도 자식은 행복하게 살기를 바란다. 그래서 아이를 위해서라면 어떤 희생이라도 감내할 각오로 사교육비를 벌기 위해 노래방 도우미마저 마다하지 않는 게 엄마다.

이런 엄마들에게 열 가지를 다 소개하고 싶은데 첫 번째부터 고개를 내저을 것이 뻔해 맥이 빠진다. 그 항목에 분명 동의하지 않을 뿐만 아니라, 적극으로 반대할 것임을 안다.

첫째는 '행복의 색깔은 저마다 다르다'이다. 그날 신문 같은 면, 그것도 정중앙에 "수능 50일 앞으로! '자식 합격' 간절한 기도"라는 기사 제목 밑에 절을 하는 엄마들의 모습을 담은 총천연색 사진이 크게 실렸다. 사진에 나온 엄마들을 세어보니 스무 명이다. 사진에서 잘린 부분을 생각하면 그보다 더 많은 수가 있었을 것이다. 과연 그들이 아이마다 행복의 색깔이 다르다는 것을 믿는 엄마일까? 사진은 서울에 있는 한 절에서 찍은 것일 뿐이지만, 전국에 절이 얼마나 많은가? 교회와 성당의 수는 또 얼마나 많은가? 그 많은 곳에서 엄마들은 모두 '대학 합격'이라는 같은 색깔의 행복으로 아이를 내몰고 있다.

둘째는 '감사하면 행복해진다'이다. 엄마들은 아이에게 매사에 감사하는 마음을 가질 여유를 주지 않는다. 오직 '만족하지 말고 더욱 더 악바리처럼' 하기를 재촉하는 엄마들만 보인다.

셋째는 '관점을 바꾸면 행복이 보인다'이다. 이 말에 엄마들은 동의할 것이다. 그러나 엄마가 원하는 방향으로 자녀가 마음 바꾸기를 원할 뿐이다. 아이가 원하고, 아이에게 적합한 것에는 관심이 없다. "엄마가 너보다 너를 더 잘 안다"는 식으로 휘두르려고 한다.

넷째부터 일곱째 모두 엄마의 귀에 걸면 귀걸이고 코에 걸면 코걸이가 될 이야기이다. 넷째 '꿈이 있으면 행복하다'에서 아이가 꿈을 가질 여유도 없이 엄마가 원하는 꿈을 주입시키고, 엄마의 욕심을 꿈으로 가지라고 내몬다. 다섯째 '몰입하면 행복하다'도 맞는 말이다. 아이가 원하는 일이라면 아이는 스스로 몰입할 수 있다. 그런데 자녀가 원하기 전에 엄마가 원하는 것에 몰입하기를 기대하니 안 될 뿐이다. 다음, 여섯째 '행복은 노력으로 만들어진다'는 엄마들이 제일 앞세워 주장하고 싶어하는 말일 것이다. 자는 시간도 쪼개어가면서 '공부'에 '노력'하는 사람을 얼마나 칭송하는가. 그런데 엄마가 주장하지 않더라도 아이가 하고 싶다면 하지 말라 해도 스스로 열심히 할 것이다. 그 다음 '가까운 곳에 행복이 있다'는 책상과 학원 가까이에 행복이 있다고 해석해 주장하고 싶을 것이다. 그래서 자녀에게 멀리 PC방이나 놀이터에서 방황하지 말라, 멀리 산과 들로 나가지 말라고 한다.

여덟째와 아홉째는 엄마들 입장에서는 아예 "노! 노! 노!" 금기 사항이 될 듯하다. '행복은 나눌수록 커진다', '타인의 행복을 존중할수록 행복해진다'라는 제일 실천하기 쉬운 진리를 엄마들은 마음에 들어하지 않고, 그렇게 해서도 안 된다고 생각한다. 경쟁 사회에서 내 아이만 행복하면 된다고 여기기 때문이다. 정말 내 자식만 행복할 수 있을까. 행복을 나눌 친구, 가족, 이웃 없이 혼자만 행복할 수 있는가? 찰스 디킨스의 '크리스마스 캐럴' 연극을 함께 관람

한 가족의 이야기가 생각난다. 아이들이 구두쇠 스크루지가 변화하여 착한 사람이 된 것에 감격하자, 부모가 걱정했다는 것이다. 구두쇠로 살아야 할 세상에 다 퍼주는 사람을 좋아하게 되면 어쩌나 한 것이다.

마지막 원리 '행복도 연습이 필요하다'에 나는 절대적으로 동의한다. 태어나서부터 엄마와 행복을 느끼며 체험하지 못한 아이들에게는 따로 연습이 필요하다.

자녀가 품는 꿈을 방해하는 엄마 밑에서 엄마가 원하는 대로 꼭두각시같이 자라온 아이들이 자기만의 방식으로 살아도 된다는 것을 깨닫게 도와주어야 한다. 주위에서 보면 어른이 되어서도 어머니의 요구를 들어주느라고 숨 가쁘게 살고 있는 사람들이 많다. 정작 자기도 엄마가 되어 있는 처지인데 어머니의 영향에서 놓여나지 못하고 있는 것이다.

한 엄마는 음식마저도 어머니가 맛있다고 하면 자신도 그렇다고 동조했어야 했다고 한다. 어린 시절 방학 때도 친정을 그리워하는 어머니 때문에 외가에서 보내야 했고, 외가에서 보내는 방학이 즐거운 양 어머니가 좋아할 글로 일기장을 가득 채워 기쁘게 해드렸단다. 그러나 자신은 정작 외가에서 지내는 것이 싫었고, 엄마가 빨리 데리러 왔으면 하는 마음에 매일 버스 정류장에서 기다렸단다. 하지만 그 마음을 표현하지는 못했다. 이렇게 자녀가 자신의 진짜 마음을 표현하지 못하고 살게 한 것이다.

그러니 그 아이가 자라 엄마가 된 후 자기 자식들을 편하게 놔두겠는가? 엄마들도 실감나는 자유를 체험할 기회를 가져야 한다. 우리 함께 해보자. 그래서 엄마들도 행복하고 아이들도 행복하게 해주자.

아이의 어두운 마음을
외면하는 엄마

> 자녀를 세심하게 살피고, 도와주고, 보호해야 할 엄마가 그러지 못하면 아이는 무기력해질 수밖에 없다. 자녀를 믿지 않고 감시하는 엄마의 무서운 눈길 아래에서 아이는 움츠려들어 기를 펴지 못하는 노예나 죄수가 된다.

얼마 전에 듣게 된 끔찍한 뉴스는 기억하기에도 너무 가슴 아팠다. 중학생과 고등학생 가운데 학업 성적 문제로 자살하는 숫자가 실로 어마어마하다는 뉴스였다. 자살하고 싶어하는 아이가 한 명이라도 그 아이의 엄마를 생각하면 억장이 무너지는 일이다.

학생들의 학업 스트레스에 관해서 물어본 결과 OECD 국가 가운데 우리나라가 첫째란다. 경쟁해서 일등 하는 걸 좋아하는 우리들이지만, 행복하게 자라기를 바라는 아이들이 공부에 부담을 제일 많이 느끼고 있다는 것은 그리 달가운 일등이 아니다. 그러다 보니 "사는 것이 만족스러우냐?"는 항목에서 꼴찌인 것은 아마도 당연한 귀결인 듯하다. 또한 "스스로 건강하다고 생각하는가?"라는 항목에서 꼴찌인 것도 별로 놀랍지 않다.

공부 잘하기를 기대하는 엄마의 열성에 꼼짝 없이 자기 방에 묶여 있는 아이의 얼굴은 어둡기만 하다. 주위에서 그런 어두운 얼굴을 하고 있는 아이들을 자주 볼 수 있다. 잠시도 가만히 있지 못하고 동생을 괴롭히는 것이 취미인 듯 보이는 아이도 있다. 원형 탈모에 소아 우울증 환자가 수두룩하다. 집집마다 소아 정신과 치료가 필요한 아이들이 살고 있는 듯해 안타깝다.

아이만 치료하는 것이 얼마나 소용없는 일인지 치료자들은 잘 알고 있다. 아이보다 엄마가 마음을 바꿔야 한다. 그런데 엄마들은 자신은 무관하다고 생각하고 아이를 클리닉에 데려오는 일만 할 뿐이다.

자녀가 공부 잘하는 것이 부모에게는 자랑스러운 트로피이다. 일찍부터 말을 또랑또랑 잘하면 우선 큰 기대를 품는다. 그리고 하는 일이 읽기와 쓰기, 구구단까지 남보다 더 빨리 시작하는 이른바 조기교육이다. 엄마가 좋아하는 것을 보면서 아이도 신나게 깨치려 한다. 다른 아이들보다 학교도 일찍 보낸다. 그곳에서도 두드러지게 잘할 것이라 은근히 바라면서 말이다. 좋은 교사의 격려 속에서 순조롭게 해낸다면 그 아이는 운이 좋은 것이다. 그러나 초등학교 6년을 모두 아이와 잘 맞는 교사만 만날 수는 없기 때문에 마음고생을 할 수도 있다.

아이의 마음에 얼마나 많은 것이 복잡하게 얽혀 있는지 모른다. 그런데 엄마는 그런 것에는 통 관심도 없다. 친구 관계를 어떻게 맺어가는지, 그것이 얼마나 중요한 것인지도 관심이 없다. 엄마가 그런 것에 관심이 없다는 걸 알기에 아이는 엄마에게 복잡한 마음을 풀어 보일 수도 없다. 아이도 자신이 처한 상황을 제대로 잘 모른다. 아이의 마음을 살펴가며 앞뒤 연관된 문제를 푸는 데 도움을 줄 수 있는 어른이 필요한데, 그런 역할을 해줄 사람이 없다. 뭐가 삐걱거리는지 아이의 처지와 마음을 살펴보아줄 사람이 필요하다.

어른이 되어 상담실에 앉아 어린 시절을 되돌아보니, 4학년 때 담임선생님이 바뀌면서 공부에 흥미를 잃었고, 그 다음부터 성적이 떨어지게 되었고, 엄마의 실망하는 모습을 가슴 아프게 지켜볼 수밖에 없었다고 고백하는 니가 있었다. 그때 어린 자신이 이해하고 풀어갈 수 없었던 상황을, 엄마나 혹은 다른 어른에게 도움을 받아 이해했더라면 얼마나 좋았을까.

4학년 산수 과목에 새 개념이 도입되었는데, 갑자기 어려워져 당황하기만 한 것이다. 분수가 나오고 소수가 나오는 것에 눈이 환히 밝아질 만큼 제대로 설명해주는 어른이 얼마나 필요한지 아무도 몰랐다. 당시 아이는 잠시 공상에 젖어 있었을 수도 있고, 어느 날 열이 올라 조퇴했는데 진도가 나갔을 수도 있다. 성장이 한창 활발해져 통통하게 살이 오른 걸 짓궂은 남학생들이 공연히 "뚱뚱하다"며 괴롭혔을 수 있다.

이런 모든 사정을 엄마와 거침없이 나눌 수 있었다면, 그리고 엄마가 어린 마음과 주변을 살펴줄 수 있었다면 "나는 공부 못해" 하거나 "나는 왕따 당하고 있어"라는 조급하고 엉성한 자기 오진을 하지 않고 자유로울 수 있었을 것이다.

자녀가 공부의 노예가 되지 않고, 외모에 매이지 않고, 마음과 몸이 건강하게 자라면 어떤 상황에서도 자기 삶을 포기하지 않을 것이다. 자신을 제대로 알고 무엇이든 스스로 해보려는 아이는 자기 나름대로 잘하고 싶은 마음이 다 있다. 엄마가 자신을 이해해주리라고 든든하게 믿는 아이는 자유롭게 둔다고 해서 어른들이 걱정하듯 그냥 놀기만 하는 것이 아니라, 남이 보든 보지 않든 진짜로 열심히 공부한다.

하지만 "내가 널 어떻게 믿어!" 하며 의심하는 엄마 밑에서는 그렇게 할 수 없다. 아이를 믿지 못하는 엄마가 늘 아이 마음속에 눈을 부릅뜨고 있으니, 감시의 눈길을 피할 수 없는 아이는 엄마의 감시 아래 갇혀 있는 노예나 죄수같이 살고 있는 것이다. 노예나 죄수는 감시하는 간수가 없으면 자발적으로 하지 않는다. 지금 엄마가 자녀의 귀중한 인생을 자유인으로, 아들과 딸로 마음껏 살 기회를 앗아가고 있다.

초등학교 2학년 아이가 썼다는 글의 한 토막이다.

냉장고가 있어서 좋다. 나에게 먹을 것을 주어서.
강아지가 있어서 좋다. 나랑 놀아주어서.

아빠는 왜 있는지 모르겠다.

이 글에 "엄마는 왜?" 하고 묻는다면 아이는 뭐라고 대답했을까? "잔소리하기 위해", 아니면 "공부하라고 하기 위해"라고 하지 않았을까?

자식의 겉만 억세게
보살피고 있다

> 보이지 않는 영역을 모르는 엄마는 일 처리하듯 아이를 목표한 곳으로 몰아만 간다. 그렇게 억센 엄마가 모성애의 기치를 부당하게 휘두르고 있다.

사람들과 뜻을 모아 '정신건강 사회운동'을 하고 있다. 함께하는 아우 중에 사랑스럽고 건강하며 똑똑한 20대가 있다. 큰 키에 어울리게 몸무게가 좀 나가는 니다. 모임에 올 때마다 맛있는 빵과 과자를 사들고 오기를 좋아하는 모습이 나는 귀엽고 보기 좋은데, 주위에서 다이어트하라는 압력을 주어 은근히 스트레스를 받는 모양이다. 심지어 부모님까지 잔소리한단다.

그런데 부모님이 그러는 건 좀 억울한 모양이다. 어려서 잘 먹어야 키도 크고 건강해진다고 많이 먹으라고 해놓고, 이제 와서 뚱뚱하다고 하니 억울할 수밖에 없단다. 부모님 두 분이 열심히 일해서 자신과 동생을 잘 먹이고 남부럽지 않게 입히셨다고 한다. 건강한 그니는 공부도 열심히 해서 좋은 대학 나와 취직도 했다.

그런데 지금 돌아보면 부모님은 딱 먹이고 입히는 것만 해주셨던 것 같다는 생각이 든단다. 이야기를 나누고 마음을 헤아려준 적은 없었다는 것이다. 자신은 다른 사람과 어떻게 대화해야 하는지 전혀 모르고 자랐다고 고백했다.

대화하는 법을 부모님과 이야기하면서가 아니라 책에서 배웠다고 한다. 그래서 아주 정확한 문장과 발음으로 이야기는 또박또박 잘할 수 있지만, 자신의 생각을 전하는 데 어려움을 느낀다. 이 젊은이만이 아니다. 무슨 이야기를 하려면 책에서 읽은 것 아니면 어떤 권위자가 한 말, 매체에서 들은 말을 보고하듯 말하는 사람들을 흔히 본다. 그러면서 자기가 느끼고, 생각한 것을 생생하게 이야기할 줄은 모른다.

그렇게 된 이유는 엄마가 자녀와 처음부터 느낌을 나누고 생각을 표현하는 것을 제쳐두고 먹이고, 입히고, 공부시키는 것에만 억세게 치우쳤기 때문이다. '우선 배가 불러야 한다, 우선 잘 입혀야 한다, 우선 가르쳐야 한다'고 생각했다. 기름진 음식이 없더라도, 값비싼 옷을 입히지 못해도, 학원에 보내지 못해도 아이들과 마음을 나누고 함께하는 시간이 필요하다는 걸 모르고, 열심히 헛수고해온 것이다.

독일 여성 감독 트로타(M. von Trotta)가 만들었다는 '비전'이라는 영화에 대한 글을 읽었다. 그 글을 읽은 후 기회가 되면 꼭 영화를 보리라 결심했다. 12세기에 살았던 힐데가드(Hildegard von

Bingen)라는 독일 여성의 이야기를 그린 영화다. 힐데가드는 그때는 있을 수 없었던 여성의 교육과 독립성을 위해 억세게 열심히 살아왔다. 이렇게 훌륭하게 인류를 위해 몸 바쳐 싸워온 사람들은 결코 고분고분하게 쉬 길들여지는 이들이 아니라는 것을 역사를 통해 볼 수 있다. 신념을 굽히지 않고 높은 뜻을 위해서 충성스럽게 사는 것이다. 이 글을 쓰는 나를 포함해서 우리 엄마들 역시 억세게 애쓰고 있기는 한데, 무엇을 위해 자녀를 그렇게 억세게 몰아가는지 돌아봐야 할 것 같다. 출세하여 돈과 힘을 갖게 하는 것 이외에 아이가 갖추어야 할 것이 무엇인지는 전혀 생각하지 않고 살고 있다.

자식을 느긋하게 잘 기르는 듯이 보이는 한 젊은 엄마가 있다. 그런데 동생이 집을 샀다는 말을 듣고 전세에 살고 있는 자신이 갑자기 서글퍼지더란다. 집에서 아이들 키우는 일과 돈 벌이를 저울질하는 마음이 느닷없이 생긴 것이다. 아이에게도 돈 얘기를 자꾸 하게 되더란다. 나는 그 엄마와 이야기를 깊이 나누며 어린 시절을 돌아보는 과정을 밟았다. 어머니가 아버지와 함께 바깥일을 했고, 자신과 형제들은 일하는 사람 손에 맡겨져서 자란 니였다. 어린 시절 어머니 앞에 서면 언제나 흘끗 쳐다보고 하던 일로 빠지셨다고 한다.

"아래층에 가면 엄마가 계셨어요. 엄마가 나보다 일을 더 좋아하는 것같아 보였어요."

엄마의 눈길을 받지 못한 어린 시절, 어느 날 옥상에 올라갔단다.

거기 있는 당구대에서 당구공을 만지작거리며 '딱딱한 이 공으로 머리를 맞으면 죽을까?', 아래를 내려다보며 '여기서 뛰어내리면 죽을까?' 생각했다고 한다. 그 이야기를 하며 젊은 엄마는 울었다. 아이가 이런 생각을 하고 있다고 어머니는 상상도 못하고 억세게 살아온 것이다.

  어머니는 이렇게 아이의 마음을 모르고 바쁘게 일만 하며 살았다. 그리고 이 젊은 엄마도 아이들과 돈을 저울질하며, 어머니 같은 엄마가 될까 생각 중이다. 돈 벌지 말라는 것이 아니다. 전업주부도 아이의 마음을 놓치고 사는 이들이 물론 많다. 한 젊은이가 자기는 결혼하면 맞벌이하지 않겠다고 했다. 이유는 어머니가 직장 생활을 하느라 자신을 잘 돌봐주지 않았기 때문이란다. 나는 자신의 마음을 모르고 아이들 마음을 읽을 줄 모르면 전업주부도 마찬가지라는 말을 해주었다.

남 하는 대로
따라하는 엄마

엄마들은 동맹이라도 한 듯 일률적으로 유행하는 교육 방식으로 자녀를 교육한다. 자녀만의 특성을 살려주는 역할을 해내는 엄마가 드물다. 그러고도 창의성을 살려야 한다고 소리 높인다. 그리고 창의성 가르친다는 학원으로 아이를 끌고 간다.

요즘은 아이들이 학교에 가기 전부터 사교육에 시달린다. 만 세 살부터 학교 가기 전 아이들 99.8퍼센트가 사교육을 받고 있다는 한국교육개발원의 연구 결과가 있었다. 그야말로 잘 놀아야 할 때 학원에 다니거나, 학습지나 방문 과외로 공부를 하고 있는 것이 현실이다.

둘째 낳기를 포기한다는 엄마들의 40퍼센트가 사교육비 부담 때문이라고 한다. 돈이 많이 들어 아이를 더 낳을 수 없다는 것이다. 우리나라 출산율 저하의 심각성은 차치하더라도, 엄마들이 정말 아이에게 도움이 되고 필요한 데 돈을 쓰고 있는지 묻고 싶다. 남들이 다 하니까 '내 아이를 뒤처지게 할 수 없다'는 굳은 결의 하나로 학원에 보내고 있는 것은 아닌지 되돌아볼 일이다.

자녀의 성품과 자질을 발견하고 길러주는 것은 부모가 할 일이다. 특히 서너 살부터 학교 가기 전 시기는 '자신이 어떤 사람으로 살아갈 것인가' 하는 중요한 확신을 갖게 되는 때이다. 따라서 그 전에 부모와 신뢰 관계가 돈독해야 하고, 스스로 자신이 독자성을 가진 분리된 존재임을 경험하는 것이 필요하다. 부모와의 신뢰를 바탕으로 독자성을 갖고, 학령 전 '놀이 시기'를 풍부하게 누리는 것이 아이가 앞으로 살아갈 삶의 양태를 가름한다.

이 시기에 아이는 움직임이 활발해지고 활동 반경이 넓어지면서 무한한 활동 목표를 갖게 된다. 언어가 풍부해지고 모르는 것을 끊임없이 질문하면서 세상에 대한 이해의 폭을 넓혀간다. 그래서 에릭슨은 이 시기에 '솔선'의 덕목이 생기고 몸과 마음이 함께 자라서 진정으로 '자기다운 사람됨'을 갖추게 된다고 했다. 다른 사람을 사랑하고, 현명하게 판단하는 에너지가 넘치는 때이다. 활력이 넘쳐서 사소한 실패는 곧 잊어버리고, 또 새로운 놀이에 빠져들어 집중하며 지치지 않고 활동한다. 하지만 이렇게 하지 못하는 아이는 뒤로 물러나고 소심해질 수밖에 없다.

끊임없이 호기심을 갖는 것도 이 시기 아이의 특성이다. 키나 힘의 크기에 관심이 높아지고, 남녀의 차이도 궁금해한다. 어른이 되었을 때 어떤 역할을 하게 될지도 궁금하고, 어떤 어른을 따라 흉내 낼 것인지도 생각한다. 그래서 어른인 부모와의 관계가 중요한 때인 것이다. 또래 아이들과 관계 맺기도 시작한다. 가정에서는 친척과 형제자매들, 놀이터나 유아원에서 친구들과 어울리며 사회성도 익히게 된다. 자기만의 영역에서 벗어나 미래의 사회생활을 위한 가능성을 연습하는 것이다. 이렇게 놀이 시기는 평생을 사는 데 아주 중요한 바탕을 만드는 때이다. 하지만 요즘같이 아파트 안에 갇혀 있는 아이들과 외동아이는 이런 면에서 불리하다.

엄마들은 그 시기에 공부만 시키려 한다. 잘 노는 것이 얼마나 중요한지 모른다. 아니, 알면서도 당장 아이가 뒤처질까봐 걱정이 되어서 놀리지 못한다. 당장 눈앞의 성적 때문에 자녀의 삶을 망친다면 얼마나 안타까운 일인가? 몸의 근육과 뼈대가 활발하게 움직여야 할 때 딱딱한 책상 앞에 앉혀두고, 언어를 실험하고 상상력을 펼쳐야 할 때 문제집에 묶어두는 것은 정말 잘못된 일이다. 외국어를 능란하게 하는 기술보다 말하는 내용이 더욱 중요한 것임을 알아야 한다. 영국이나 미국 사람보다 영어를 잘한다고 성공할 수 있는 것이 아니다. 한국식 억양으로 더듬거리더라도 어떤 말을 하는가, 그 내용이 중요하다.

특별한 읽기 장애아가 아닌 이상 한글은 자연스럽게 익히는데, 엄마들은 한글을 빨리 떼고 서둘러 책을 읽히려 한다. 수의 개념도 생기기 전에 구구단을 외우게 하기도 한다. 그렇게 서둘러 공부시키는 데만 급급해, 아이가 또래와 협력할 줄 모르고, 삶의 의욕을 잃고, 자기가 좋아하는 것이 무엇인지도 모르고, 활기를 잃고 살게 만든다.

놀이의 재미와 역동성을 모르며 자란 사람은 삶의 재미와 활력을 모른다. 사람이 그냥 흑백으로만 보인다면 얼마나 갑갑한 일이겠는가? 아이들이 놀이에서 여러 가지 역할을 실험해보고, 친구들과 서로 생각을 주고받으며, 양보하고 양보받고 타협도 하면서 상황을 운영하며 즐기도록 해야 한다. 그래야 어른이 되어서 결혼이라는 모험도 하고, 가정에서, 직장에서, 사회에서 의견을 조정해가며 다른 사람과 함께 살아갈 수 있다.

교육 전문가들이 '자기주도학습'이 필요하다고 말한다. 이는 아이가 혼자 스스로 공부해간다는 말이다. 그런데 이 의미와 달리 자기주도학습도 지도해주는 선생님이 따로 있는 것이 요즘 현실이다. 사교육 쪽에 종사하는 분의 이야기를 들으니, '공부를 위한 컨설팅'을 돈 받으며 해준다고 한다. 단기, 중기, 장기로 아이가 할 공부 계획표를 만들어주는 것이란다. 자기가 할 공부 계획조차 세우지 못하는 아이들로 기르고 있다. 그러고는 그 계획대로 되었는지 점검하고 도장까지 찍어준다.

혼자 할 줄 모르는 아이로 양육되고 있기 때문에, 아이들 역시 남과 똑같이 움직이고 따라서 경쟁하고 있다. 그리고 자라서 어른이 되면 남들과 똑같이 안전한 취업을 위해 또 경쟁한다. 다양한 방면으로 실험하고 도전할 용기가 있을 리 없다. 아이들이 자신의 삶을 자기 식으로 재미있게 살게 해주어야 한다. 용기 있게 자신의 인생을 개척하도록 하는 것, 부모의 마음먹기에 달렸다.

내 아이만 잘되면
된다고 생각한다

내 아이의 성취만을 욕심내며 다른 이들과 함께 이루어야 할 과업은 무시한다. 민주주의를 처음 실천한 그리스에서 자신과 가정만을 생각하는 사람을 백치(idiot)라고 했단다. 우리 엄마들은 자녀를 그렇게 백치로 만들고 싶은가?

아이가 학교에서 문제를 일으켜 엄마가 불려가는 일이 생기면, 대부분 "우리 애는 착한데 나쁜 친구를 사귀어서 그래요" 하며 속상해한다. 그리고 다른 아이들의 영향으로부터 자녀를 격리하고 싶어한다. 졸업 시즌이 되면 친구들과 헤어지기 섭섭해 목메어 울먹이는 아이들, 그 아이들은 "친구는 없으면 살 수 없는 산소 같은 존재예요"라 한다. 아무리 힘이 막강한 엄마라도 아이에게서 산소를 떼어놓아서는 안 된다.

친구 없이 건강하게 자라는 아이는 없다. 엄마들에게 마음을 바꾸길 간곡히 부탁한다. 자녀를 잘 기르고 싶으면 이웃의 아이도 잘 자라게 관심을 가져야 한다. 그리고 마음에서 끝나지 말고 적극으로 실천하기 바란다. '공동 육아'라는 좋은 풍습을 만들어가는 사람들이 곳곳에 있다. 아직은 시작 단계라 서툴고 때로는 내부에서 갈등(직장 생활하는 엄마에 비해 전업주부가 아무래도 일을 더 많이 하기 때문에 일어나는 갈등도 있고, 내 자녀 남의 아이 구분하지 않고 함께 잘 기른다는 마음이 아니라, 우선 내 아이의 육아를 위해 참여했다가 아이가 자라면 나 몰라라 하기 때문에 문제도 생긴다)도 겪지만 함께 노력한다면 이보다 더 좋은 육아 방법이 없을 것이다.

오래전 그리스 여행길에 민주주의가 잉태되었다는 광장에 간 적이 있다. 거기서 여행 안내자에게 들은 이야기를 나는 지금도 잊지 못한다. 이기적으로 자기만 생각하고, 자기 가족만 잘사는 데 관심을 두고, 공공의 문제를 함께 의논하는 광장에 나오지 않는 사람을 백치라고 했다는 말이다.

그 이야기를 듣고 우리를 돌아보게 되었다. 우리는 '자기 일만 생각하는 사람을 오히려 똑똑하다'고 하지 않는가. 다른 사람에게 마음 쓰는 사람을 '오지랖 넓다'며 은근히 비웃지 않는가. 공공의 일로 봉사 활동이라도 하려 하면 "그거 하면 돈이 생기나, 밥을 먹여주나?" 하며 바보 취급한다. "먼저 네 몸, 네 집 간수하고 여유가 되면 그 다음에 우아하게 하라"고도 한다. 하지만 그런 마음가짐이면 평생 자기를 위해 쓰는 시간도 모자라고, 집안일만 해도 끝이 없다.

나는 '전문으로 봉사 활동하는 사람'이라고 나를 소개한다. 어느 해인가 우리 모임에서 영아원에 가서 목욕 봉사하는 날이 어버이날과 겹쳤다. 우리 모람(모인 사람의 줄임말로 단체를 구성하는 회원을 말한다)들 대부분이 어버이가 계셔서 그날은 참여하는 사람이 적었다.

공공 활동을 약속하고도 집안에 일이 생기면 헌신짝 버리듯 약속을 깬다. 자신과 가정이 우선이라는 행동 기준을 가졌다고 해서 우리 사회에서는 '백치'라 여기지 않는다. 그리고 마치 이기성이 본능이고, 누구나 당연하게 자신을 위해서만 산다고 여긴다. 가정을 자신이 챙기지 않으면 손해라고 생각하는 것이다. 그런데 그 결과는 '암담하고 험악한 세상'으로 나타났다. 자신이나 아이들이 안전하고 행복하게 살 수 없는 세상이 되어버린 것이다.

더욱이 엄마가 아이를 이기적으로 기르면 나중에 그 아이에게 외면당하게 될 것이다. 남을 아끼고 배려하는 마음을 길러주지 않았으니, 늙은 부모에게도 당연히 이기적으로 대할 것이다.

지인 중에 사교육계에서 인정받는 분이 있다. 재벌가나 잘사는 가정에 초청받아 대입을 앞둔 아이들을 가르친다고 한다. 그분에게 들은 이야기다.

"돈이 많아 아이들이 원하는 것을 다 들어줄 수 있는 집들 얘기예요. 아이를 가르치러 갔다가 문 앞에서 비명소리에 놀랄 때가 있어요. 집안에서 누가 맞고 있는 것 같더군요. 처음에는 엄마한테 아이가 매를 맞는 줄 알았어요. 그런데 자세히 들어보니 아이가 엄마에게 폭력을 행사하는 것이었어요. 이런 경우가 종종 있어요."

이렇게 아이에게 엄마의 권위가 떨어진 경우는 부지기수다. 자녀가 어렸을 때에야 엄마가 힘이 있지만, 고3이 되고 재수하는 나이가 되어 몸집이 커지면 아이가 힘도 세지고, 엄마가 길러준 이기성이 더욱 단단해져 엄마를 무시하게 된다.

대학만 보내면 그만일까? 딸은 혼수 바리바리 싸서, 아들은 집 장만해줘서 결혼시키면 끝일까? 부부 사이에 무시와 폭력, 심지어 살해까지 이르는 일이 얼마나 많은가? 길 가다가도 공연히 남을 해하려 드는 사람이 또 얼마나 많은가? 학교에서 교사와 학생 사이, 학생들끼리, 군대에서 서로 상처 주고 상처 받는 일들……. 모두 함께 사는 법을 익히지 못한 탓이다. 자신을 지키는 호신술을 가르쳐 준다고 되는 일이 아니다. 내 아이가 남을 해치는 경우는 당하는 것만큼이나 불행한 일이다.

엄마들이 함께 사는 넓은 품을 갖는 것이 손해가 아니고, 바보가 하는 짓이 아니라는 것을 알았으면 좋겠다. 엄마가 그렇게 살면 아이도 함께 사는 재미를 만끽하며 평생을 잘 살게 된다.

사람은 이기적(egoistic) 동물이라고 주장하는 이들이 많다. 그러나 애타적(altruistic) 존재라고 믿는 사람도 있다. 갓난아기는 다른 아기가 울면 얼굴 표정이 슬퍼진다. 그리고 따라서 운다. 사람은 다른 이의 아픔을 동정하는 마음을 가지고 태어난다는 증거이다. 그런데 엄마가 '험한 세상을 살려면 악바리가 되어야 한다'는 생각으로 이기성을 길러주며 애타성이 크지 못하게 막는다. 그래서 더 험한 세상을 만든다. 그리고 더 단단한 이기성을 키우고, 그렇게 악순환하게 한다.

내일로 미루지 말고 오늘 당장 악순환의 고리를 끊는 것이 엄마가 자녀를 위해 꼭 해야 할 일이다.

내 안에 자식을 '포함'하고,
누구보다 내 아이에 대해 잘 알고 있다고 믿는 엄마들.
그들은 아이를 사랑한다고 말하면서도 믿지 못하고,
잔소리하고, 간섭하며, 조바심 낼 수밖에 없다.

2
아이를 품고 사는 엄마의 행동 단위 '포함'

앞 장에서 함께 반성해보자는 글에 공감했기를 바란다. 하지만 그 글을 읽으며 답답한 마음도 없지 않았을 것이다. 잘못되었다는 것은 뻔히 알지만 내가 왜 그러는지, 왜 고쳐지지 않는지 이유를 알아야 어찌해볼 것 아닌가. 자식을 키우면서 나도 같은 경험을 했다. 아이를 사랑한다면서 왜 믿지 못하고, 잔소리하고, 간섭하며, 방해하고, 조바심 내는지, 내 마음을 몰랐다. 아이에게 거리를 두라는 말을 듣고, 그러려고 해도 되지 않으니 무슨 소용인가.

영국에 가서 심리학 박사 학위를 위해 연구하는 과정에서 우리나라 엄마들과 영국 엄마들의 차이를 찾아냈다. 우리 엄마들이 자녀를 자신과 분리해서 생각할 줄을 모른다는 것이 바로 다른 점이었다. 내가 보기에 서구 엄마들은 얄미울 정도로 자녀의 문제를 자신과 떼어내서 생각한다. 우리 엄마들은 아이가 공부를 못해도 자신의 탓으로 돌리고, 건강이 나빠도, 성격에 문제가 있어도 자신이 잘못 길러서 그렇다고 믿는다. 그러나 그곳 엄마들은 아이의 특징과 자질이라고 쿨하게 받아들인다. 자녀가 하는 공부에 몰입해 함께 입시 준비를 하고 시험장에 들어가지도 못하면서 함께 고3병을 앓는 우리 엄마들과 달리, 그들은 아이가 공부할 수 있도록 지원하는 데에서 멈춘다.

우리 엄마들은 자녀를 독립적으로 기르지 못하고, 죽을 때까지 애물단지라고 애를 태우면서도 끼고 산다. 아이와 재미있게 놀아야 하는데, 마음속에 걱정이 태산이니 놀기는 해도 제대로 즐길 수 없다. 아이를 하나의 인격체로 존중해야 하는데, 내 속에서 나온 아이가 안쓰러워 못 견디겠으니, 분리된 존재로 보지 못한다. 느끼고, 생각하고, 판단하고, 행동하는 '행동 단위'가 서구 엄마들과 이렇게 다르다.

서구 엄마들이 자녀와 자신을 분리할 수 있는 것은 행동 단위가 '개인'이기 때문이다. 엄마의 행동 단위가 '개인'이듯, 아이의 행동 단위도 '개인'으로 존재한다. 그에 비해 우리 엄마들은 나에게 중요한 인물들을 '포함'한 행동 단위로 살고 있다. 자신에게 포함된 중요한 사람이 많을수록, 머리에 '포함'하고 사는 머릿수 역시 그만큼 많은 것이다. 결혼하지 않은 사람보다 결혼하고 엄마가 된 사람은 '포함'의 단위가 점점 더 커져서 머리가 무겁다. 걱정도 많아지고 스트레스도 커지고 갈등도 심해진다. 우울증에 걸릴 요인이 잘 갖추어지는 것이다.

엄마들이 가진 문제를 포함의 행동 단위로 설명할 수 있는 것이 많다. 이 장에서는 그것에 대해 함께 이야기해보려 한다.

자식을 평생 '포함'하고
사는 엄마들

대한민국 엄마 대부분이 자식 때문에 속병을 앓는다. 아이의 문제를 자기 문제라고 여기고 분리해서 생각하지 못하기 때문이다. 아이를 자기 속에 품고 '포함'하고는 '자나 깨나 불조심'이 아니라, '자나 깨나 자식 걱정'이다.

엄마는 자녀를 좋은 대학에 보내기 위해 노심초사하다 속병이 생긴다. 나도 예외가 아니었으니 같은 배를 타고 있었다고 해야 할 것이다. 젊은 시절에는 서구 심리학으로 우리의 행동을 해석할 수 있다고 여겼다. 그래서 심리분석학으로 나를 분석해보기도 하고, 형태심리학으로 사물을 인식하는 것을 신통하게 여기기도 했다. 더욱이 행동주의심리학은 우리 문화에 써먹기 좋아 보이기도 했다.

그런데 실제로 서구 심리학 이론대로 살아보려 해도 잘 안 되는 걸 경험했다. 결혼하고 시집 식구들과의 관계를 익혀가면서 삐걱거리고 명쾌하게 풀리지 않는 일이 있다는 걸 느꼈다. 특히 엄마가 되고 나서는 더욱 힘들어졌다. 서구 이론대로 아이의 독자성을 키우고 창의성을 살리라는 글을 읽고, 쓰고, 강연을 했다. 그런데 책을 덮고 정작 내 아이를 보면 도루묵이 되었다. 강연을 들은 엄마들 역시 듣는 동안 고개를 끄덕이고는 집에 가서는 딴짓을 했을 것이다. 자녀를 엄마 자신과 떼어놓고 독립된 존재로 봐주지 못한다. 나와 다른 특성을 지니고 있는 아이가 딴짓하는 것을 참아주지 못하는 것이다.

그렇게 우리 여성의 삶을 서구 이론만으로 다 해석할 수 없다는 것을 느끼던 차에, 만으로 마흔 여섯을 넘긴 늦은 나이에 영국에 가서 본격적으로 이 부분을 연구해볼 수 있게 되었다. 엄마들의 속병을 연구 주제로 다루었는데, 바로 '엄마 우울증'이다. 우리 엄마들과 그곳 엄마들이 우울증에 걸리는 이유가 다를 것이라고 전제하고 양쪽 엄마들을 만났다.

분명하게 다른 것은 그곳 엄마들은 자녀의 문제를 자기 문제와 분리해서 생각하고 처리하면서 산다는 것이다. 우리 엄마들은 자녀가 고3이면 엄마도 같이 고3이다. 그곳 엄마는 아이가 원하고, 능력이 된다면 대학에 가는 것이라고 생각한다. 물론 대학에 가지 않아도 된다고 깔끔하게 믿는다. 그곳 엄마들이 자녀 대학 입시에 얄미울 정도로 초연하게 살고 있는 것을 보고 크게 놀랐다. 우리는 대학에 가지 않으면 큰일이라도 날 것처럼 야단인데 말이다.

자녀가 건강이 나쁘면 우리 엄마들은 "내가 잘못 해먹여서"라든가 "내가 잘 건사하지 못해서"라고 자신을 탓한다. 하지만 그곳 엄마들은 "아이가 몸이 약하게 태어났다"고 한다. 성격에 문제가 있다고 해도, 우리는 "맞벌이 하느라고 잘 돌보지 못했다"고 하거나 별별 이유를 들어 자기 때문이라며 반성한다. 그런데 그쪽 엄마들은 "아이의 특징"이라 말한다. 성적 문제도 "집안 사정이 나빠 좋은 과외를 시키지 못했다"고 죄책감을 느끼는 우리 엄마들과 달리, 그쪽은 "애가 능력이 그뿐이라며 그렇게 재단되어 나왔다(cut out to be)"고 설명한다.

이런 차이를 보며 내가 찾은 개념이 '포함'이라는 행동 단위이고, 그것으로 우리 엄마들과 서구 엄마들의 차이를 해석할 수 있었다. 느끼고, 생각하고, 판단하고, 움직이는 모든 행동을 연구하는 것이 심리학이다. 그런데 행동하는 단위가 '개인'이라고 이제까지 믿어온 것이 서구의 심리학이었다. 그리고 세계 어느 곳의 누구나 다 개인 단위로 행동한다고 보편화했다. 우리나라에서 심리학을 배울 때도 그렇게 배웠다. 하지만 '개인 단위'만으로 해석하는 서구 심리학 이론으로 우리나라 엄마를 설명하기 어렵다는 것을 발견한 것이다.

우리 엄마들은 '개인'이 아니라 자기에게 중요한 사람들을 '포함'한 행동 단위를 가지고 있기 때문이다. 그러니 서구 심리학 이론으로 우리 엄마들의 행동이 잘 이해되지 않았던 것이다.

'포함'의 단위로 나를 보기 시작하니, 내가 엄마로서 왜 아이들에게 참을성 없이 소리 질렀는지 쉽게 풀이되었다. 서구 엄마는 자기와 아이를 전혀 다른 특성을 지닌 존재로 따로 구분하고, 마주 보며, 적절하게 거리를 두고, 이해하려 하고, 기다려준다. 그런데 우리는 온통 내 안에 자식을 '포함'하고 내 마음대로 될 것이라고 기대한다. 하지만 아이는 당연히 엄마의 기대대로 하지 않으니 마음이 급해지는 것이다. 우리 엄마들이 제일 많이 하는 말이 '빨리'라고 하지 않던가?

엄마들뿐이 아니다. 그동안의 우리네 삶을 보면 혈연, 학연, 지연으로 '포함'의 단위가 확장되어 있기 때문에, 합리적이고도 냉철한 판단을 내리지 못했다. 아내나 아이를 때린 가장이 "사람 만들려 했다"고 하면 말이 되는 곳이 우리나라다. 남편은 아내를 '포함'하고, 아버지는 아들을 '포함'하고 있어서 구분이 없다. 아들이나 아내를 때린 것이 마치 자신을 때린 것과 같은 행동이었을 뿐이라고 생각한다.

오래전 홀로 미국에서 자녀를 기르던 우리나라 엄마가 있었다. 어려운 처지에서 아이를 돌볼 사람이 없어 집에 혼자 두고 일할 수밖에 없었다. 그런데 혼자 놀던 아이가 사고로 죽고 말았다. 이때 그 엄마가 "내가 죽였다, 바로 내가 죽인 것이다"라고 했다. 이 말에 경찰은 엄마를 범인으로 체포했다. 우리 입장에서는 미국의 경찰을 이해할 수 없을 것이다. 자기 손으로 죽인 것이 아니라, 아이를 '포함'하고 있는 엄마가 아이가 죽은 것이 자기 탓이라고 통곡하는 것임을 우리는 잘 알기 때문이다.

아이를 열여덟 살까지만 책임지는 서구인들은 절대 이해할 수 없는 우리만의 '포함' 단위이다. '가지 많은 나무 바람 잘 날 없다'는 속담도 서구인들은 알아들을 수 없을 것이다.

한국판
'여자의 일생'

> 엄마의 막중한 노고로만 아이가 성장하는 것이 아니다. 아이는 아이답게 자라고 성숙의 길을 걸으면 된다. 이렇게 단순한 일을 엄마들은 아이보다 더 무겁게 느낀다.

어머니에게 포함되어 어린 시절을 보낸 사람은 자라면서 점차 자기 안에도 포함하는 사람들이 많아져간다. 엄마가 될 때쯤 되면 머리는 하나이면서 마음에 포함된 사람의 수는 꽤 많아진다. 자녀, 남편, 시집 식구, 친정 식구, 친구, 이웃이 모두 다 자신의 작은 머리 안에 들어앉아 있다. 한 머릿속에 머리가 많이 들어 있는 괴물이다.

영국에서 공부할 때 나의 독일계 지도 교수는 논문 통과 후에도 우리의 '포함'하는 행동 단위를 끝내 이해하지 못했다. 아이들의 문제에서 헤어나지 못하는 엄마들의 사례를 이야기하면 "나중에 그 아이에게 효도받으려고 그러느냐"고 물었다. 하지만 우리 엄마들에게 이 이야기를 하면 아주 쉽게 잘 알아듣는다. 자녀들에게 버림받은 처지에서도 체면을 세워주려고 하는 어머니의 행동을 개인 단위로 사는 이들이 어찌 알겠는가?

우리 엄마들은 머릿속에 챙겨야 할 사람이 너무 많기 때문에 스트레스가 많을 수밖에 없다. 그중 자녀가 제일 우선이고 떼려야 뗄 수 없는 중요한 존재다. 이런 우리 엄마들과 대조되는 서구의 예를 한번 보자.

영국에 있을 때 대도시 노숙인을 조사한 집중 보도가 있었다. 방송에서 기자가 런던 거리에서 만난 젊은 노숙인을 그의 어머니가 사는 집에 데려다주었다. 그런데 놀랍게도 어머니가 별로 반기는 기색이 아니었다. 나는 우리네 이산가족 상봉처럼 얼싸안고 울고불고 하는 장면을 기대했는데, 그 어머니는 담담하게 문을 열어주었을 뿐이다.

다음 날 방송에서 기자가 다시 그 집을 방문했을 때, 아들은 이미 떠나고 없었다. 그 어머니의 말에 나는 놀랄 수밖에 없었다. "아들과 나는 성격이 맞지 않아 같이 살 수 없습니다"라는 것이었다. 성격이 맞지 않는다는 이유로 자식을 집에서 내보내는 우리네 어머니를 본 적 있는가? 경제 사정이 좋아질 때까지 부모 집에 머물기를 원하는 노숙자 아들에게 어머니 자신의 독립된 생활에 방해된다고 거절하는 그곳 사람들이 나에게는 놀라울 뿐이었다.

아흔의 노모가 칠순 아들의 앉을 자리를 보살피는 것이 우리 어머니들의 자세이다. 자식의 일생을 가슴에 품고 살기 때문에 이렇게 다 책임지려 드는 것이다. 끝까지 책임져야 하니 정부에서 주는 얼마 안 되는 혜택 정도로는 선뜻 출산에 동의할 수 없다. 아이뿐만이 아니다. 술 마시고, 노름하고, 바람피우는 남편도 내조라는 명목 하에 책임져야 하고, 때로는 가족의 생계를 도맡는 경우도 많다.

사교육비가 대단하다는 것도 '포함'하는 엄마의 마음 탓이다. 공교육을 담당하는 학교를 믿지 못하고, 자신이 어떻게든 자녀의 교육 문제를 해결해야 한다는 마음에서 나온 형태가 바로 사교육이다. 옛 어머니들과 달리 현대 교육을 받은 엄마들은 교육의 내막을 아이보다 더 잘 안다고 여기고 적극 관여한다. 마치 아이와 한 팀이 되어 공부하고 있는 듯하다. 심지어 아이의 학급을 '우리 반'이라고 칭하는 엄마도 있다.

자녀의 친구 선택도 엄마가 대신한다. 전공을 택하고 직업을 결정할 때에도 엄마가 뜻대로 하기 위해 압력을 행사한다. 자기만의 길을 가려는 아이에게 박수 쳐주지 않고, 엄마가 자랑스러워할 직장을 갖고, 엄마의 기준을 통과할 배우자를 만나야 한다고 요구한다. 포함의 단위 탓이다. 언젠가 문제가 된 대기업이 조사받는 과정에서 팔십 노모가 자금 조달에 총 책임자였다는 보도를 보면서, 사실 여부와 상관없이 어머니의 '포함' 단위를 보는 듯했다.

자녀에 관한 일로 엄마들이 받는 스트레스는 끝이 없다. 엄마가 보는 안목으로 틀을 만들어 아이를 기르려 하고, 지도하려 들고, 만들어가려고 하다 보니 얼마나 힘이 드는지 모른다. 기대하는 대로 아이가 호응해주는 경우가 거의 없으니 말이다.

"큰아이는 내 말을 잘 따라줬는데, 둘째는 말을 듣지 않아요. 매를 들면 큰아이는 가만히 맞고 있는데, 둘째는 왜 때리느냐고 반항까지 하더군요. 그러더니 큰아이도 사춘기가 되어서인지 동생이 하는 짓을 보아서인지 고분고분하지 않게 되었어요."

중학생, 초등학생을 둔 엄마의 스트레스 호소이다. 하지만 이 정도는 아무것도 아니다. 아이가 자라면서 심각한 스트레스거리가 점점 더 늘어날 것이다. 불가능한 일을 무리하게 하려 하기 때문에 스트레스가 더욱 심한 것이다.

엄마 자신의 얼굴을 들여다보라. 짜증이 가득하다. 아이들의 짜증 난 마음을 보려 하지 않기 때문에 엄마들이 짜증이 생긴다. 아이의 마음이 엄마 마음과 다르다는 것을 우선 알아주려 해보자. 그리고 아이의 느낌과 생각에 따라 아이의 작은 보폭을 기다려준다면 아이는 짜증 내지 않는다. 엄마가 자기 마음대로 '포함'한 아이를 주무르려 하지 않으면, 엄마도 아이와 즐길 수 있고 짜증 날 일이 없어질 것이다. 지금 아이를 기르며 생기는 스트레스가 '포함' 때문이라는 걸 알고 풀어가보자.

전업 아빠가 어때서

서구의 부모가 자신들의 역할을 각자 유연하게 변형하고 조절해가는 데 비해 우리는 가정의 일, 양육의 의무를 엄마 혼자 떠맡고 있다. '개인'으로 살아본 경험이 없어서다. 그래서 '포함'하는 엄마의 역할을 바꾸고 싶다는 요구도 하지 못한다. 남편도 개인으로 따로 보는 것이 아니라 자신 안에 '포함'하고 있기 때문이다.

현대 사회가 되면서 맞벌이 부부가 늘어나고 부모의 역할이 변하고 있다. 최근 전업 아빠의 삶을 설득력 있게 다룬 책도 눈에 띈다.* 미국에서는 이미 대학 인구 반이 여성이고 아내가 남편보다 더 잘 버는 가정이 3분의 1 이상이라고 한다. 그러다 보니 그들은 이제 남성다움을 돈을 많이 벌고 성공한 것으로 가름하지 않는다. 이는 아빠의 역할이 가족의 생계를 책임지는 일만으로 충분하지 않다는 것의 방증이다. 미국과 우리네 부모의 역할을 비교하며, 특히 가정 안에서 아빠의 역할이 우리와 다른 것을 눈여겨보아야 할 것이다.

미국에서 20년 전에 직장을 가진 여성들이 바깥에서 직장 일을

---

* J. A. Smith, *The Daddy Shift* (Boston: Beacon Press, 2009)

한차례 해내고, 집에 돌아와 집안일을 두 번째 일을 하듯 한다는 흥미로운 연구물**이 있었다. 당시 미국에서도 여자가 남자보다 가사 부담이 많다는 결과가 나왔지만, 그래도 그들은 부부가 각자의 생각에 따라 해결을 시도하고 있다고 했다. 그들같이 그렇게 똑 부러지게 해결하지 못하는 우리와 비교하면 아주 신통해 보였다. 20년 전 그때도 책을 읽으면서 서구인들의 문제 해결 방식이 우리와 아주 다르다고 생각했다. 그들은 개인의 문제를 자신만의 생각으로 다양하게 풀어간다. 부부가 할 수 있는 일을 나누어 협력하는 여러 가지 방식을 각기 고안해 실천하는 것이다.

우리나라 부부들은 남다른 방식을 생각해내지도 못할(아니, 안 하는 것이 맞다) 뿐만 아니라, 부인이 혹시 제안하더라도 남편은 "다른 집도 다 그런데 뭐", "우리 어머니도 그랬고, 할머니도 그렇게 사셨어. 왜 당신만 다른 소리를 해"라는 반응이다. 우리나라에서는 여성들이 다 같은 행동하고, 다 같은 불만을 품고, 다 같이 스트레스를 받고, 다 같이 속병을 앓는 것을 당연하게 받아들이는 것 같다. 딴소리 말라는 것이다. '단군의 자손'으로 큼지막한 포함 단위를 형성하고 똑같이 살라고 강요한다.

아이들을 돌보며 살림하는 '전업 아빠'와 바깥에서 가족을 위해 '돈 벌어 오는 엄마'라는 구도는 아마도 상상하기 힘들 것이다. '보

** A. Hochschild, *The Second Shift* (London: Piatkus Pub. 1989)

리 서 말만 있어도 처가살이 하지 않는다'는 옛말에 아직도 고개를 끄덕이는 정서 아닌가. 엄마들이 살림을 책임지고 집안일까지 하면서도, 집안의 가장은 그래도 남자라고 생각하는 것이다. 자기 아빠는 아무것도 안하고 대우만 받으려 한다고 상담실에서 불만을 쏟던 젊은이가 떠오른다.

미국에는 '전업 아빠'들이 많이 늘어나고 있다. 2007년 인구조사에 따르면 15만 9,000가정에서 아빠가 자녀 양육과 살림을 맡고 있다고 한다. 엄마를 제외하고 학교 가기 전 아이들을 돌보는 것도 2008년에 이미 보모나 친척이 아닌 아버지가 제일 많다는 조사 결과가 나왔다. 우리는 엄마가 아이를 돌보지 못하면 주로 할머니가 떠맡고 있다.

전업 아빠 노릇을 해본 사람들은 자녀를 돌보는 것이 그 어떤 일보다 만족을 주는 것임을 경험했기 때문에, 아무리 큰 보상을 주는 일이 있더라도 바꿀 생각이 없다고 고백한다. 아직은 '전업 아빠'가 소수이고 전통의 아빠 역할만 해온 사람이 더 많기 때문에, 서구에서는 두 종류 아빠들 사이에 새로운 '아빠 전쟁'이 생겼다고 한다. 직장을 가진 엄마와 전업 엄마들 사이에 이미 오랫동안 어느 편이 아이들을 위해 더 좋은가를 두고 논쟁하는 '엄마 전쟁'을 해왔듯이 말이다. 어쨌든 자녀에게 좋은 부모가 되기 위한 '좋은 전쟁'이다. '부러운 전쟁'이다.

좋은 엄마와 좋은 아빠의 모델이 정답으로 주어지는 것은 아니다.

아빠는 엄마에게, 엄마는 아빠에게 서로 역할을 배워가며, 자신을 다듬고, 바꾸어가며, 성숙해지도록 하는 수밖에 없다. 서로 협력하는 부모만이 아이들에게 참 도움을 줄 수 있다. 따라서 아이를 보살피는 역할을 혼자 독점해서는 안 된다는 것을 엄마들이 절실하게 알았으면 좋겠다. 바깥 활동하는 남편을 쉬게 한다면서 집안에서 일어나는 모든 일을 혼자 다 해내는 것이 내조가 아님을 강조하고 싶다. 그렇게 부인이 다 알아서 해주었더니, 정작 남편은 남편으로서, 아빠로서 집안에서 설 자리가 없어 정을 붙이지 못하고 떠나버리는 경우를 종종 본다. 부인이 온 가족을 포함하는 자세로 살아온 탓이다. 남편이 집안에서 할 역할까지 떠맡아 열심히 일했지만, 남편을 따돌린 결과를 낳았다.

부부가 맞벌이를 하지만 집안일을 전혀 분담하지 않고, 남편이 총각 시절과 다름없이 생활하는 것을 당연하게 받아들이는 니를 만났다. 그 부인은 "남편이 취미로 하는 골프 연습이나 자기계발을 위한 영어 학원 수강을 말리고 싶지는 않아요"라고 말했다. 그리고 자신은 남편을 배려하는 좋은 아내라고 생각한다. 하지만 남편에게 아빠 역할을 즐길 기회를 주지 않고 있다는 사실을 인지하지 못했다. 남편의 의사를 묻지도 않고, 그렇게 미리 알아서 다 해주는 것이 좋은 아내의 자세라 여긴 것이다. 회식이나 업무상 미팅으로 늦게까지 술 마시는 것도 남편의 일 중 하나니, 주말에는 쉴 수 있게 배려한다. 그러고는 집안의 대소사는 물론 자녀 교육 문제까지 혼자 도맡아 처리하는 것이 당연하고, 그것이 엄마의 몫이라고 생각한다. 우리 여성들의 '포함'이라는 행동 단위는 그래서 '오지랖 철학'을 탄생시켰다.

우리에게는 '아빠 전쟁'의 이슈는 아직 까마득한 먼 훗날 이야기로 보인다. '포함' 단위가 조정되지 않으면 생전 우리에게는 일어나지 않을 전쟁일지도 모르겠다.

포함하든 안 하든
죄책감을 갖는다

> 현대 교육을 받으면서 그나마 개인으로서 성취하는 경험을 해도 엄마가 되면 '개인'으로 성취하며 살 것인가, 가족을 '포함'하며 살 것인가, 내면의 갈등을 겪게 된다. 그런데 어느 편에서 살든지 엄마로서 죄책감을 가지고 산다.

'여성 해방 운동'이라는 말이 이미 익숙한 말이 되고, 대학에서 당연히 여성학을 가르치는 시대에 우리는 살고 있다. 하지만 현실에서도 그런지 묻고 싶을 때가 종종 있다.

나는 1960년대에 미국에 공부하러 가 그곳에서 학생 부부로 살았다. 당시 그곳에서 여성 해방 운동이 활발하게 전개되는 것을 보았다. 그런 결과인지 수십 년이 지난 지금 그곳 의과대학, 법과대학의 여학생 수가 남학생 수를 넘어섰다고 한다. 박사 학위를 받는 수도 이제 여성이 더 많아지고 있는 추세란다. 그러나 그렇게 사회에 진출하는 여성이 많아져도 가정에서 여성의 역할은 그곳 역시 별로 바뀌지 않았다. 가족들이 같이 볼 만한 '토이 스토리' 같은 영화에서도 여성 캐릭터가 많지 않을뿐더러, 영웅이나 역동의 흥미로운 역은 여성에게 맡기지 않는다. 여성은 예쁘고 날씬하지만 나약해 구출받아야 할 캐릭터로 등장한다. 여성의 역할을 고정된 이미지로 묶어두려는 의도가 작동하고 있기 때문이다.

우리는 그들보다 더욱 복잡하다. 여성은 학교교육을 받는 동안에는 남성과 대등하게 경쟁하며 성취하는 개인으로 지낸다. 그러나 집으로 돌아오면 가족을 포함하고 살 것을 기대하고 요구한다. 결혼 후 제일 힘든 점이 개인으로 자유롭게 살다가 갑자기 남편과 시집 식구를 포함하여 생각하고 판단하고 행동해야 하는 것이다. 부당하다고 몸부림치고 부부 싸움도 많이 한다. 하지만 차츰 모르는 사이에 자기 행동 단위를 넓혀 머릿속에 자녀와 남편, 그리고 시집 식구들의 자리를 마련한다. 그리고 정작 자신은 뒷전으로 밀어놓는다. 그러면 부부 싸움은 줄어들지 몰라도 마음속에 갈등이 자라게 될 것이다.

전업주부로 살고 있는 여성은 개인으로서 성취하고 있는 여성을 보면서, 또 바깥에서 승진하고 인정받는 남편을 보면서 '나는 뭔가', '나도 학교 다닐 때 성적은 남편보다 좋았는데'라며 갈등한다. 휴가도, 승진도, 상여금도, 퇴직금도 없는 전업주부로 사는 삶에 때로는 회한도 생긴다. 남편과 자녀를 위해서 살았지만, 뒤돌아보니 자신을 위해서는 아무것도 하지 않았다는 생각을 하게 되었을 때는 이미 중년에 접어들어 마음이 조급해진다.

바깥에 진출해 자기 영역에서 한자리하고 있는 여성도 내면의 갈등이 없는 것이 아니다. 한 여성 장관이 나의 '포함' 행동 단위 이야기를 듣고 나서, 자신의 갈등 원인을 시원하게 알게 되었다고 한 적이 있다. 그 장관은 남편보다 유명 인사가 되었지만 늘 찜찜하고 떳떳하지 못했다고 한다. 개인으로서는 성공하고 성취감도 있지만, 자신이 포함하고 사는 영역에서는 부족하다고 느끼면서 살고 있었기 때문이다. 좋은 아내, 좋은 엄마, 좋은 가족 구성원이 되지 못했다고 생각해 늘 죄책감을 가질 수밖에 없었던 것이다.

주부 역할을 하든지 직업인으로 살든지 서구 여성들은 개인이 선택할 일이라고 여긴다. 내가 그곳에서 만난 한 여의사는 딸과 아들, 두 자녀가 어렸을 때 양육에 집중하기 위해 의사 일을 그만두었다. 방송국 엔지니어였던 남편의 수입은 부인의 절반이었지만 경제적으로 조금 부족하게 살더라도 아이들 자라는 것을 보고, 또 보살피기 위해 전업주부의 길을 선택했다고 한다.

그렇다고 여성들이 가정을 위해 일을 꼭 그만두어야 한다는 말은 절대 아니다(미국의 경우, 최근 전문직에 종사하는 여성들이 양육에 전념하려고 직장을 그만두는 일이 많아 논란이 되고 있다고 한다). 우리의 경우 자녀와 가족을 생각해서 어느 것이 더 좋은 선택인지 고민하는 데 끼어드는 요인이 더 복잡하다는 것을 말하고 싶은 것이다. 개인 단위로만 선택할 수 없기 때문에 고민이 커진다. 이러지도 저러지도 못하고 양날이 선 칼을 잡은 것 같은 입장에서 판단하게 된다.

그러니 직장 여성이 엄마가 되기를 주저하는 것이 이해도 간다.

북유럽에서는 나라가 아이 양육에 적극적이기를 요구하고 제도를 그렇게 바꾸고 있는데, 우리는 개별 가정에서 '포함' 단위로 해결하기를 기대하면서 사회제도의 책임을 미미하게 만들고 있다. 여성들 내면에서 첨예하게 존재하는 갈등에 대해서 무감각하고 이해하려 하지 않는 까닭이다.

젊은 여성들이 결혼을 미루거나, 결혼하고도 아이를 갖지 않으려는 새로운 현상은 어쩌면 당연한 일이다. 현대 교육을 받은 여성은 남성과 같이 경쟁하고 성취하는 것이 중요한데, 결혼 때문에 포함의 단위를 복잡하게 만들고 싶지 않은 것이다. 개인으로 경쟁하고 성취하는 데 있어 포함의 단위로 사는 것은 어려운 선택이고, 불가능한 일로밖에 보이지 않기 때문이다. 그런데 이러다 보니 전통 가정에서 어머니가 가졌던 중요한 위치와 권위를 버리는 사회가 되어가는 것 같다. 없어서는 안 될 사회의 구성원이고 시민인, 사람을 낳아 길러내는 데 어머니가 수행했던 역할의 가치를 잊어가는 세상이 되고 있는 위기 신호가 느껴진다.

아이 많이 낳으면 얼마 보조하겠다는 정도의 정책으로는 여성들 내면의 갈등이 선선히 풀리지 않는다. 여성 개인도 그리고 국가도 그 갈등을 더 이상 외면하면 안 될 것이다.

'구원'도 가족 단위로
받고 싶어한다

> 엄마들은 자신만 '포함' 단위로 묶여 있는 게 아니라, 아이들마저 그 안에 묶어두고 자유롭게 생각하고 판단하고 행동하지 못하게 막고 있다. 종교까지도 '포함'의 단위로 묶인 가족이 모두 함께해야 하는 것이 우리의 현실이다.

상담실에 어느 교회 권사님이 찾아왔다. 공무원으로 평생을 보낸 남편과 장성한 두 아들을 둔 분이다. 온 가족이 신앙생활을 열심히 한다고 했다. 맏이는 연애해서 결혼한 후 아들딸 낳고 잘 살고 있다. 그런데 둘째가 걱정이란다. 둘째도 연애해서 결혼했는데 삐걱대더니 3년을 못 채우고 이혼한 것이다. '우리 집에는 이혼이라는 말이 없다'는 마음이라 도무지 눈앞에서 전개되는 일을 용납할 수 없단다. 남편은 쓰러지기까지 했다.

그분은 온 가족이 하나님을 믿으니 다 같이 복을 받아야 한다고 생각한다. 아들도 자기와 똑같은 종교를 갖기 바라고, '이혼'을 용납하지 않는 신앙을 가졌으면 하는 것이다. 자식이 자신과 뜻이 다르다는 걸 받아들이지 못한다. 아들과 자신을 따로 구분하지 않고 있기 때문이다. 어머니가 분명 대신해서 살 수 없는데도 아들이 이혼하지 않고, 사회 평판도 좋게 받으며 살기를 바라는 것이다.

대신해줄 수 없는 일인 줄 알면서, 걱정해서 될 일이 아닌 줄 알면서, 모순인 줄 알면서 어머니는 걱정이 태산 같다. "하나님, 당신 아들이니 알아서 돌봐주십시오"라고 울며 기도한다면서도, 실은 하나님이 돌봐주실 거라 믿지 않는 것이다. 그러니 걱정이 줄어들지 않고 마음을 편히 가질 수 없다.

개신교도는 하나님 앞에 혼자 독대(獨對)하는 신앙을 가져야 하는데도, 엄마는 가족을 '포함'하는 신앙생활을 한다. 수능시험 전 100일 기도는 교회만의 행사가 아니다. 성당에서도 사찰에서도 모두 아이들 대신 어머니가 기도에 열중한다.

종교도 가족 단위로 선택하고 이를 당연한 일로 생각한다. 결혼 전 기독교도였는데, 결혼 후 불교로 개종한 니를 만났다. 이유는 시어머니가 불교도이기 때문이란다. 남편이 어머니가 살아 계시는 동안 같은 종교 생활을 하기를 원해 그 의견을 따랐다. 처음에는 매우 괴로웠지만, 이제는 가족이 한마음으로 신앙생활하는 게 마음 편하다고 했다. 혼자 고집을 세우고 다른 종교를 믿다가 집안에 나쁜 일이라도 생기면 어쩌나 겁이 나 '좋은 게 좋은 거다'는 마음으로 가족이 같은 종교를 갖는다는 것이다. 가족이 각각 다른 마음을 갖고 다른 행동을 하는 것을 우리는 매우 불편해한다. 하지만 바꿔 생각하면, 이는 우리에게는 개인의 자유와 권리, 그리고 책임가지 필요 없다고 말하는 것이나 마찬가지이기 때문에 매우 위험하다.

장관이 되기 위해 거쳐야 하는 국회 청문회를 보면, 그들이 저지른 많은 불법행위들이 가족을 위한 것이라면 크게 문제 삼지 않고 지나가는 경우가 많다. 위장 전입도 아이들 학교 문제로 한 것이면, 부동산 이득을 취하기 위한 것보다는 관대하다. 자식 일인데 어쩌겠냐는 것이다. 아이들을 위한 위장 전입 정도는 그들뿐만 아니라 누구나 할 수 있는 대수롭지 않은 일이라고 여기고 있다. 주무부처 수장의 자녀가 특채로 임용되는 것도 흔히 있는 일이다. 재벌가의 대물림은 자동으로 인정한다. 왜냐하면 재벌에 비하면 먼지만큼도 안 되는 보통 사람들도 자기 재산을 아이들에게 물려주는 것을 마땅하다고 여기기 때문이다. 큰 교회 담임 목사직을 아들에게 물려주는 것도 당연하게 생각한다. 그들은 분명 일반인과 달라야 하는데 말이다. 교회의 재산은 교인들이 하나님께 드리는 연보(헌금)로 쌓인 것이기 때문에 목사 개인의 것이 아니다.

'개인' 단위로 구원받는다고 생각하는 이들은, '포함' 단위로 믿음을 갖는 우리보다 가족의 범주에서 자유로울 것이다. 구원뿐만 아니라 다른 모든 부분에서도 가족 단위의 생각을 버려야 한다. 그 생각을 버리지 않을 때는 '포함'하고 있는 가족 외의 다른 사람들을 '제외하고 배제하는 태도'를 갖기 쉽기 때문이다.

아이 다섯을 낳아 기른 어머니가 아이들에게 늘 "우리 가족 일곱

이 똘똘 뭉쳐 바깥세상과 싸워 이겨야 해"라고 했단다. 그리고 "동생이 싸우면 언니도 나가서 함께 싸워라" 하고 시켰다. 바깥에 경쟁의 적을 만들며 살아온 것이다.

비좁은 '포함'의 단위를 넘어서려면, 내가 '포함'이라고 울타리를 친 밖의 이웃을 제외하는 마음이 없어져야 한다. 엄마가 자기 아이 우선으로 생각하는 마음에서 벗어나야 한다는 의미다. 그러고 나면 내 자식과 이웃의 아이가 다 잘 자라야 한다는 데 마음이 간다. 내 아이만을 위해 필요하다고 여겼던 사교육도 치맛바람도 필요 없어지고, 아이들을 바르게 교육할 수 있게 되는 것이다. 이웃한 아이들이 건강해지지 않으면 내 자식 역시 건강하게 살 수 없다는 것을 현명하게 알아차리기 바란다.

한 아이가 친한 친구가 게임밖에 관심이 없어서 그 친구와 놀기 위해서는 게임을 같이 해야 했다. 엄마와 PC방에 가지 않기로 약속했지만, 친구와 놀기 위해 속이고 PC방에 갔다. 그리고 그 사실이 들통 나 엄마에게 심하게 꾸중을 들었다. 그 후 이 아이가 다시는 PC방에 가지 않을까? 이 아이를 누가 지켜줄 수 있을까? 이웃 아이까지 우리의 관심과 보살핌의 대상이 되어야 한다. '포함'의 울타리를 넘어서는 것이 우리의 과제이다.

엄마 역할만
열심히 한다

> 엄마가 자신이 '포함'한 자녀에게 열성일수록 아이와 다른 가족의 관계를 무시한다. 이는 또 다른 관계의 가족들을 그만큼 무시할 수 있다는 말이다. 그래서 아버지의 역할을 축소시키기도 한다.

요즘 젊은 부부들 가운데 성생활이 원만하지 않은 경우가 예상 밖으로 많다. 심한 예로 아기를 갖기 위해 배란기에만 잠자리를 하고, 그 목표를 달성하고 나면 전혀 하지 않는 이들도 있단다. 오죽하면 '성 없는 부부(sexless couple)'라는 말이 나왔을까! 양쪽이 그렇게 하기로 합의한 부부라면 몰라도, 한쪽은 원하는데 다른 쪽이 원하지 않으면 문제가 심각하다. 여러 가지 원인이 있을 수 있고, 여기서 그 모든 원인을 다룰 수 없으니, 부부가 '서로를 제일 순위로 두고 있는가'라는 면에서 보려 한다.

여성이 남편과의 잠자리를 뒷전으로 하는 경우, 아이가 순위에서 제일 앞자리를 차지하는 일이 많다. 아내보다 엄마 역할 위주의 삶을 살고 있는 것이다(물론, 반대로 남편이 잠자리를 미루는 경우에는 아내보다 일을 우선으로 살고 있는 사람일 수도 있다. 맞벌이 부부일 경우 양쪽이 다 일이 우선인 경우도 있다). 자녀가 중요하다고 해서 냉담하게 배우자의 청을 거절한다면, 거절당한 쪽은 사랑받지 못하는 것을 슬프게 받아들일 수밖에 없다. 그리고 자신이 구차하게 조르는 것 같아 자존심도 상한다.

자녀가 생기기 전까지 성생활에 문제가 없었다는 니와 이야기를 나누었다. 결혼 초기에는 남편과 사랑을 나누는 것이 행복했단다. 하지만 아이를 보살피며 일이 많아지고, 게다가 직장 생활까지 해야 하니 몸이 피곤해서 남편이 원할 때마다 다 응해줄 수 없었다고 한다. 나는 피곤한 것이 문제라면 피곤하지 않도록 일을 좀 덜어낼 방도를 찾아보았느냐고 물었다. 젊은 부인은 그렇게 해결할 생각까지는 못했다고 대답했다. 남편의 마음을 헤아릴 생각도 안 한 것이며, 자기가 생각한 방식으로 남편을 대한 것이다.

그 부인은 몸으로 사랑하지 않아도, 그냥 함께 살아가는 것만으로도 함께 사랑을 느끼고 공유할 수 있다고 생각한단다. 남편이 나를 사랑하고 나도 남편을 사랑하는데 무슨 문제냐는 말이다. 남편과 자신이 다른 사람이라는 것을 염두에 두지 않은 것이다. 자신과 다른 남편의 느낌을 무시한 것은 '남도 내 방식으로 살게 만들 수 있다'고 우기는 마음에서 나온 것이다. 자신의 생각이 옳고, 자신의 판단이 맞으니 군소리 없이 따라주기를 바라는 이기심이다.

그 부인은 아이를 겨우 재우고 노곤하게 잠든 사람을 깨워 사랑

나누기를 청하는 남편이 귀찮다고 했다. '내가 피곤한 걸 몰라서 저러나' 하는 원망까지 든단다. 직장에서 돌아와 얼마 안 되는 시간에 집안일은 물론 아이를 먹이고 씻기고 공부시킨 후 재우고, 겨우 쉬는 그 귀한 시간을 방해받고 싶지 않은 것이다.

그런데 부인이 아이를 돌보고 집안일을 하는 동안 남편은 무엇을 하고 있었을까. "그동안 남편은 뭘 하나요" 하고 물었더니, 골프 연습장에 다녀오고, TV를 보고, 인터넷을 한단다. 집에 일을 들고 들어오는 때도 있다고 한다. 그 부인은 남편이 하고 싶어하는 것을 다 하게 놔둔다. 아이에게 남편은 아빠(父)가 아니라는 듯 책임을 면제해준다. 잠깐 놀아주는 것으로 아이에게 아빠는 '아주 재미있는 사람'이 되고, 엄마(母) 혼자 부모(父母) 노릇을 다 하느라 피곤하다. 그렇게 모든 할 일을 다 하면서, 일에 지쳐 잔소리하고 짜증 내는 엄마가 된다.

왜 그럴까? 내 어머니같이 아이에게 짜증 내지 않겠다고, 남편에게 바가지 긁지 않겠다고 줄곧 굳게 맹세했음에도 똑같은 엄마가 되고 아내가 된다. 집안일에 관해서 온 가족을 혼자 다 품고 살기 때문이다. 옛 어머니들은 이런 마음과 그 마음에 따라 행동하는 것에 큰 무리가 없었을지도 모른다. 하지만 이제는 여성들이 자신과 남편이 다른 존재라는 것을 알아야 한다. 서로 사랑한다면 자신이 존중받듯 남편도 존중해야 한다는 것을 잊지 말라.

자기 혼자 떠안고 끙끙대지 말고 해야 할 집안일의 목록을 만들어보는 것은 어떨까. 남편에게 집안일 중 무엇무엇을 도와달라고 청하는 것이다. 함께할 것을 의논하며 서로 "이건 내가 할게" 하고 분담한다. 특히, 남편이 아이에게 아버지 역할을 할 기회를 빼앗지 말아야 한다.

그렇게 함께 나누어서 일하면 전보다 피곤하지 않아, 남편과 사랑을 나눌 수 있다는 걸 스스로 알게 된다. 남편 역시 이 점을 깨닫게 될 것이다. 그럴 때 함께 살아갈 앞으로의 시간과 긴 날들을 기쁘게 기대할 수 있다.

엄마 혼자 뛰는 건가

> 자녀가 지닌 특성을 인정하지 않는 엄마는 자신이 누구보다 아이를 잘 알고 있다는 자세를 고수한다. 그리고 아이의 장래를 위해 혼자 열심히 뛴다. '포함'의 행동 단위가 아이의 현실을 부정하려는 우리 엄마들의 비현실적인 태도를 만든다.

  방송 드라마를 보면 어쩌면 그렇게도 한결같이 어머니는 자식이 원하는 결혼을 반대하는 모습인지 모르겠다. 아버지들은 그래도 아량이 넓은 사람으로 등장하는데 말이다. 우리나라 가정에서 어머니가 자식에 관한 한 모두 걸 휘두를 수 있는 지휘봉을 쥐고 있기 때문이다.
  아이를 '포함'한 엄마는 아이 자신보다 아이를 더 잘 알고 있다고 믿는다. 게다가 자식들보다 오래 살고 온갖 풍파를 겪으며 경험을 쌓았으니 장래를 그르치지 않게 판단할 자격을 갖추었다고 확신한다.
  아이들의 앞날이 어떨지 불안하기 때문에 더 확실한 길을 가도록 하고 싶어 안달이다. 자녀가 독립된 존재라고 믿는다면 마음을 존중하고, 생각을 이해하려 하고, 표현을 들으려 했을 것이다. 그런데 우리 엄마들은 자녀를 자신에게서 분리시켜 볼 줄을 모른다. 그러니 극성스러운 엄마로만 남게 된다.

엄마 배에서 나올 때 우리는 분명 혼자였다. 그리고 마지막 숨을 몰아쉬고 떠날 때도 혼자다. 쌍둥이도 떠날 때는 각각이다. 그런데 나고 가는 그사이 우리는 독자성을 가지고 살고 있는가? 스스로 두 발로, 자기가 원하는 곳으로 달리고 있을까?

'소통을 위한 나의 이야기'라는 TV 프로그램에서 남성에서 여성으로 성전환 수술을 한 젊은이와 엄마를 접했다. 애지중지 기른 하나밖에 없는 아들이 여성으로 바뀐 것을 되돌리고 싶은 엄마와, 그 아들 사이의 소통에 관한 이야기였다.

"예쁘지도 않은 엄마를 세상에서 제일 예쁘다고 했던 그 아들로 돌아오길 원해요"라며 엄마는 눈물을 흘렸다. 아들로 되돌아갈 수 없는 자식은 딸로서 엄마에게 효도하고 싶다며 울었다. 서로 양보할 수 없는 것이라 버틸 수밖에 없다. 그렇다고 등질 수 있는 사이도 아니다. 세상이 "그럴 수도 있구나" 하며 받아들이는 때가 오기를 바라면서, 그렇지 않은 세상에 살기가 얼마나 힘들까, 걱정하는 엄마는 깊이 한숨짓는다. 그러니 아들로 되돌아왔으면 좋겠다고 하는 것이다.

엄마는 아들이 여자가 된 것을 용납할 수 없어 모자이크 처리한 뒤로 자신을 숨겼다. 자신의 정체성을 찾으려고 세상의 거친 물결을 거스르는 용감한 자식을 장하다 칭찬하지 못하고, 자기같이 겁쟁이로 살자고 한다.

"엄마를 위해 남성으로 다시 돌아간다면 나는 어떻게 살아야 하지요?"

자식은 엄마에게 그렇게 물었다.

이 방송에 대해 엄마들 대부분 자신과 상관없다고 여길 것이다. 극소수 사람들에게 있는 일, 그런 극단으로 치우친 일은 자신과 아이에게는 일어나지 않을 것이라고 말이다. 정말 그럴까? 그 이야기를 보면서 그 전날 상담실에서 만난 딸과 엄마가 생각났다.

딸은 엄마가 원하는 대로 공부도 잘했고, 특목고를 거쳐 이른바 좋은 대학이라는 곳을 졸업한, 엄마 입장에서는 자랑스러운 자식이다. 공부, 미술, 음악, 글쓰기 빠질 것 없이 다 잘하는 데다 귀엽고, 날씬하기까지 했다. 다양한 분야에 관심이 넓고 깊어 국제 봉사단으로 먼 나라에도 다녀왔다. 그 뒤 국제 봉사 기구에서 일하고 싶어한다. 그런데 딸은 그런 일이 엄마를 만족시킬 수 없기에 눈물 흘렸다.

자식이 원하는 것을 하는 것, 자기다운 길을 찾아가는 것을 우리 엄마들은 좋아하지 않는다. 자식을 분명 사랑한다고 하는데 왜 그럴까? 아이들을 마음으로 포함하고 있어, 자신에게서 분리하지 못하고 있어서다. 딸아이를 따라 외국에는 못 가면서도 마음으로는 분리시키지 못하고 줄줄 따라다니는 것이다.

엄마는 다른 아이들같이 좋은 회사에 번듯하게 취직했으면 하고 바란다. 엄마가 원하는 직장에서 딸이 일하고 싶어하지 않는다는 것은 생각지도 못한다. 게다가 엄마 마음에 드는 남자와 딸이 결혼했으면 좋겠다고까지 생각한다. "너는 내 안에 있으니 내가 원하는 것을 하는 것이 당연하다"는 논리이다. 장모 마음에 드는 사위지만 정작 같이 살 딸의 마음에 들지 않아도 된다는 말일까? 엄마가 원하는 대학이 아니니 재수하라는 말을 아이가 왜 들어야 할까? 왜 엄마가 골라주는 친구하고만 놀아야 할까? 엄마가 하라는 대로 학원을 전전하며 놀아야 할 시기를 흘려보내야 할까?

엄마들은 "아이가 원해서 학원에 보내요"라고 한다. 언제부터 아이들이 원했을까? 동맹이라도 한 듯 아이들을 학원에 보내니 친구 사귀려면 학원에 갈 수밖에 없다. 엄마 마음대로 원하지 않은 짧은 머리를 만들어놓고, 화내는 아이를 달래며 장난감을 사주는 엄마는 "네가 원하는 삶(머리 길이)을 살지 않고, 엄마 말대로 살면(짧은 머리) 유산(장난감)을 물려줄게"라고 하는 셈이다. 아이들은 그 장난감(유산)의 유혹으로 자기의지를 꺾는다. 자녀 스스로 뜻을 펴지 못하게 하는 엄마가 과연 좋은 엄마일까?

엄마는 자녀보다 수십 년을 앞서 살아왔다. 그래서 자신이 겪은 일, 또 자신의 어머니를 통해서 익힌 간접 경험까지 보태 아이를 보게 된다. 그리고 그 눈으로 자녀의 앞날을 겪기도 전에 미리 볼 수 있다고 생각한다. 하지만 서구 엄마들은 자녀가 자신의 능력과 특성을 가지고 차곡차곡 자기 경험을 쌓아가리라는 믿음이 있고, 이를 지켜보며 필요한 것을 제공한다. 자신과 선대에서부터 내려온 모든 정보를 머리에 두고 앞으로 올 먼일을 예측하면서 지금의 자녀를 보는 우리와는 다른 모습입니다. 우리는 갓 태어난 아기를 안고 "넌 앞으로 커서 뭐가 될 거니?" 하며 미리 내다보려 한다. 그러니 아이는 오늘을 살지 못하고, 실제로 닥치지도 않은 미래를 걱정하며 살게 되는 것이다.

무엇이든 스스로 해본 아이는 당면한 문제를 푸는 능력을 기를 수 있기 때문에 자신감이 생기고, 용기를 가질 수 있다. 그러나 미리 걱정부터 시작한 아이는 문제 해결의 기회를 가질 수 없어서, 자신감 없는 비관론자가 된다. 엄마들에게 부탁한다. 자신감이란 대학에 가기 위해 아주 일찍부터 교육해서 될 일이 아니니, 제발 조기교육이라는 미명하에 아이를 괴롭히지 말라. 그건 아이를 무기력하게 만들 뿐이다.

지금 우리의 아이들은 오늘의 느낌을 생생하게 느껴볼 기회를 갖지 못하고 있다. 엄마 역시 어려서부터 자신의 어머니에게 포함되어 어머니의 판단에 따라 정신없이 살아왔기 때문에 그 방법을 가르쳐 줄 수 없다.

얼마 전 산후조리에 대해 문화권에 따라 다른 점을 보도한 적이 있다. 땀을 흘리며 뜨거운 미역국을 먹고 있는 우리나라 젊은 엄마에게 의견을 물었다. "선조들이 해온 것이고, 어머니가 하라시는데 나쁜 걸 시키겠어요"라고 대답했다. 아이를 낳고 몇 시간 지나지 않아 개운하게 샤워하는 서구의 엄마들과 다른 마음을 가진 것은, 어머니의 마음에 '포함'되어 살고 있기 때문이다.

어머니와 딸인 젊은 엄마가 다리를 묶고 함께 달리는 삶의 현장에 아이도 함께 끌려가며 달려야 한다. 다리가 무거워진다.

아이는 엄마의
용병이 아니다

> 엄마가 처한 특별한 처지를 자신의 생애에서 끝맺는 것이 아니라, 자신이 '포함'한 아이에게도 똑같이 살도록 만든다. 아이가 자신과 전혀 다른 존재라는 것을 인정하지 않는 엄마는 아이에게 대신 나가 싸울 용병이 되기를 요구하고, 아이도 그렇게 되려 한다.

열심히 일해 자수성가한 남편을 속으로 자랑스럽게 생각하는 부인이 있었다. 그러면서도 부인은 물려받은 재산이 많아 자기네보다 여유롭게 사는 친척을 항상 경쟁 대상으로 삼아왔다. 집의 크기나 살림살이 규모만이 아니라, 아이들의 외모나 재능 그리고 학업 성취까지 늘 비교의 대상으로 여겼다.

그런 니에게 예쁘고 똑똑한 첫딸은 늘 자랑거리였다. 아기 때부터 어른들에게 귀여움을 독차지했고, 게다가 총명하기까지 해서 모두들 앞날이 기대된다고 칭찬했다. 아이답지 않은 신통한 말로 어른들을 감탄하게 하고, 남달리 글을 깨치는 속도도 빨랐다. 엄마는 그런 아이가 자랑스러워 남들보다 한 해 일찍 학교에 보냈다.

학교생활은 총명함만 가지고 할 수 있는 것이 아니다. 다른 아이들과의 관계 맺기, 교사의 의도 파악하기, 규칙 지키기, 그리고 학습과 성장 동기가 다 요구되는 하나의 사회이다. 하지만 엄마는 성적을 잘 받아오는 것만이 다라고 여겨, 학교생활을 위해 아이에게 여러 가지 자질과 능력이 필요하다는 것을 생각지도 못했다. 그러니 자녀의 학교생활을 제대로 도와줄 수 없었다. 아이는 집에서 칭찬과 귀여움만 받아왔었기 때문에 공주 대접해주지 않는 학교에 적응하기 힘들었다. 특히, 그 나이에 한 살 어리다는 것은 아주 큰 차이라 그 차이의 영향은 해마다 계속 누적되어 크게 남았다.

교사가 무감각한 경우에 아이는 더욱더 관계 맺기가 힘들었을 뿐만 아니라, 학습 진도를 따라가기도 어려워졌다. 인간관계나 다른 정서에 제동이 걸려 혼란에 빠졌을 때, 배워야 하는 공부 내용도 따라잡을 수 없으니 나락에 떨어진 듯 혼란을 겪었다. 무엇을 어떻게 해야 회복할 수 있을지 아이 혼자의 힘으로 해낼 수 없었다. 성적이 떨어지면 엄마의 실망은 아이에게 불덩이같이 쏟아졌다. 그러니 엄마에게 도움을 청할 수도 없었다. 아이는 외롭고 무력해졌다. 그러면서도 엄마가 늘 머리에서 떠나지 않고 있었다.

엄마는 잘하기를 욕심껏 바라기만 했지 실제로 도와주지 않으니, 아이는 아무도 믿을 수 없었다. 그러다 아이는 점차 누가 칭찬해도 믿지 않게 되었다. 누군가 관심을 보이고 질문하거나 혹은 잘못된 점을 고쳐주기 위해 지적하면 어느덧 비꼬아 듣게 되었다. 순순히 응해도 싫고, 부정으로 대하면 "그럼 그렇지! 별 수 없지" 하는, 이러지도 저러지도 않은 자세를 취하며 살아갔다.

아이는 나름대로 죽을힘을 다해 이른바 괜찮은 대학에 갔다. 하지만 엄마는 그 정도로도 만족하지 못했다. 아마도 제일 좋은 학교에 갔어도 만족하지 못했을 거라는 걸 아이도 안다. 엄마가 자신의 성취에 실망한 것을 알면서, 그 기대를 더 이상 감당할 수 없다고 생각했다. 이제까지 살면서 어찌어찌 허우적거리며 겨우 엄마의 기대의 불씨를 꺼뜨리지 않고 살아왔지만 말이다.

아이는 그동안 엄마가 매겨놓은 등급의 사다리에서 혼자 오르락내리락한 셈이다. 그래서 자신이 따로 존재할 수 있다는 걸 모른다. 때에 따라 엄마와의 사이에 있는 간극을 어느 정도 메워가기도 하지만 수시로 모든 의욕이 사라지는 경험을 했다. 좋은 성적을 받아도 어쩌다 얻은 결과라고 생각하면 확신을 가질 수 없었다.

어떤 땐 엄마의 꼭두각시 노릇만 하고 살 수 없다고 생각하기도 했단다. 엄마가 기대하는 것은 '공부하고, 취직하고, 결혼하고' 모두 '해야 하는 것'들뿐이다. 그런데 실제로 삶이란 '무엇을 하는 것'만이 아니라 여러 영역이 있다. 엄마는 딸에게 그 다른 면의 삶을 체험할 기회를 앗아갔다. 엄마가 어떤 사람으로 자녀를 '포함'하고 살았는가 하는 것이 아이의 삶에 막대한 영향을 미치는 것이다.

주위를 둘러보면 딸이 "이젠 김치 정도는 내가 담가 먹을 수 있다"고 해도 친정어머니는 "네가 어떻게 이 맛을 내냐"면서 계속 딸을 자신의 속에 '포함'하고 있으려 한다. 그렇게 '포함'되어 지내며 딸은 어머니의 김치와 반찬을 편리하고 고맙게 받아먹는다. 산후 조리도 친정어머니 몫이다. 아이를 길러주는 것도 당연하다는 듯이 어머니 손을 빌린다. 이렇게 어머니-딸-손녀까지 '포함'이 대물림되는 것을 본다.

오랜만에 친정에 다녀온 젊은 엄마가 네 살짜리 조카의 입에서 나온 말에 놀랐다. 자기 오빠가 다른 아이에게 맞고 들어온 것을 보고 그 조그만 아이가 "맞기 전에 때려야지"라고 했단다. 네 살짜리가 하기에는 너무 섬뜩한 말이라 놀랐고, 그 말이 자신이 어렸을 때 친정어머니에게 늘 들었던 말이라 기가 막혔다.

이제 다음 세대 엄마들은 어머니의 '포함' 단위에서 벗어나야 한다. 등급과 경쟁 그리고 타인을 배제하는 일 없이 살 수 있어야 하겠다. 아이는 엄마의 삶에서 결여된 부분을 스스로 찾아, 길러내서, 채우고, 자기 삶의 의욕과 기운을 회복해야 한다. 또 삶의 여러 영역을 함께 체험할 사람들과 같이 가야 한다.

친척이나 이웃집 아이와 자녀를 비교하며 등급을 매기고 있는 것이 현재 우리 엄마들의 모습이다. 이런 엄마들의 비합리적인 욕심의 전쟁터에 자녀를 전투사로 대신 내보내는 것이다. 아이는 엄마의 용병이 아니다.

모르고 주는 상처

'포함' 단위로 살고 있는 엄마들은 나와 다른 느낌을 표현하고 나누는 것에 익숙지 않다. 그래서 엄마가 아이의 마음을 모르고 한 말과 행동이 큰 상처로 남을 수 있다는 것을 모른다. 힘을 가진 엄마와 엄마에게 의존하고 있는 아이의 관계에서 엄마가 마음 내키는 대로 던진 말에 아이는 치명적인 상처를 입을 수 있다.

상담소를 찾은 젊은이가 어머니와 대화하는 것이 불가능하다고 판단했다고 고개를 내저었다. 이젠 너무 멀리 왔다고까지 말했다. "이젠 포기했어요"라며 아주 단호하다.

언젠가 신문에 학부모 마음 읽기라는 코너에 '해결해주기보다 공감해주라'는 제목의 글이 실렸다. 아내로서 남편에게는 공감을 원하면서, 엄마로서 정작 아이가 공감을 원할 때는 공감하기보다 해결 모드로 바뀌는 것이 문제라고 한다. 그런데 왜 그렇게 바뀌는지에 대해서는 설명이 없었다. 상담소를 찾은 니도 공감 모드가 안 되는 이유를 몰라 엄마와 대화를 포기하기에 이른 것이다.

젊은이의 어머니는 이제 막 60이 된 분으로 두 살 터울의 남매를 두셨다. 어머니의 가장 이해하기 어려운 행동은 어려서부터 지금까지도 딸이 하는 일을 모두 못마땅하게 여긴다는 점이다. 다른 사람에게는 친절하면서 정작 딸에게는 잘못한 일을 지적만 한다. 게다가 다른 사람들 앞에서 완벽하게 보이려고 하면서도 딸 앞에서만은 흐트러진 모습을 보여 속상하다.

긴 시간 이야기하면서 어머니가 딸을 포함하고 있어서 그럴 수 있다고, 보는 눈을 바꿔보라고 권했다. 어머니는 자신과 딸을 분리하지 않기 때문에, 딸을 잘 가르치고 잘못되는 일은 미리 막아야 한다는 동기에서 잘못만을 지적해왔던 것이다. 그러니 '엄마는 나를 깎아내리는 말만 하셨어'라고 딸은 생각할 것이다.

어머니는 "아이, 지루해" 하는 아이의 마음을 "오, 그러니" 하며 받아주면 아이가 태만해지고, 느슨해지고, 실패의 삶으로 치달을 거라고 재빨리 판단해 계속 채찍질만 했다. 자녀를 자신과 구분하지 않고 포함하고 있으니, 남들에게 하듯 이해하고 위로할 여유가 없다. 자기 마음을 재빨리 다스리듯이 아이 마음도 신속하게 누르고, 해결의 길로 머리를 돌리는 것이다. 엄마들이 자녀에게 많이 하는 말 가운데 하나가 "내가 너보다 널 더 잘 알아"이다. 자기 속에 있으니 자신을 알듯 환히 안다고 생각하는 것이다.

이 딸은 어머니가 야단치는 마음이 '포함'이라는 행동 단위 때문이라는 것을 이해했다. 하지만 어린 시절에는 어머니의 그런 마음을 알 턱이 없어, 그 마음이 이해되지 않았고 사랑도 전달되지 않은 것이 당연하다. 그러니 엄마들이 자녀 마음을 알아주고 서로 마음이 오갈 수 있게 아이를 포함하고 있는 자신을 먼저 돌아봐야 한다. 자녀에게 공감을 표현하지 않는 것이 아이가 내 안에 있다고 여기는 '포함'의 단위 때문이라는 것을 알게 되면, 더욱 표현을 적극적으로 하려고 노력하게 된다.

딸은 결혼하고 아이를 가지면 자신도 엄마와 별반 다를 것 없는 엄마가 될 것 같다고 염려했다. 완벽주의 엄마 밑에서 자란 자신도 그런 면이 있기 때문이란다(물론 완벽주의라는 말을 바르게 사용하지 않고 있었지만 말이다. 남에게 나쁜 말 듣지 않고 사는 것, 그래서 아이에게 다른 사람 앞에서 자기만의 방식으로 깔끔하게 행동하기를 요구하는 것이 완벽주의는 아니다. 그건 엄마의 강박일 뿐이다). 그 결과 딸은 불안증에 시달리며 결국 병원에서 처방을 받아 안정제를 먹고 있다.

그런 증상을 가지게 된 것은 딸의 잘못이 아니라, 우리 어머니들이 가진 '포함' 단위의 심리 구조의 탓이다. '포함' 단위의 심리는 내 아이일지라도 나와 다른 별개의 존재라는 것을 잊게 만든다. 그래서 세심하게 자녀의 마음을 알려고 하는 궁금증도 없이 살게 되는 것이다. 마음을 알고 나누려고 노력할 필요를 느끼지 않고 무덤덤하여 때때로 자녀를 함부로 대하는 결과를 낳는다.

젊은 딸이 고백하길 어머니는 고된 일에 힘들거나 마음이 아플 때는 술을 먹고 자신에게 술주정을 했단다. 그럴 때마다 어머니가 힘들어서 가족을 버리고 떠나갈까봐 너무나 무서워 마음 조렸다. 지금도 아들 며느리 앞에서는 체면을 차리다가도 딸인 자신의 앞에서

만큼은 흐트러진 모습을 보이는 어머니를 보는 것이 괴롭다. 어머니는 자신이 가깝게 '포함'한 딸에게는 보이지 못할 것이 없다고 여기고, 힘든 일에 대한 한풀이도 하고 괴로워하는 모습도 감추지 않는다. 어머니는 딸에게 그래도 괜찮다고 여기지만, 그러다 보니 사랑하는 딸에게 제일 상처를 많이 주는 장본인이 되었다.

엄마들이 이런 자신의 문제를 모르고 있다는 것이 비극이다. 자녀가 엄마에게서 상처를 받았다는 사실을 모르기 때문에 상처를 어루만져줄 생각도 하지 못한다. 오히려 엄마의 힘들고 괴로운 마음도 받아주지 못하는 딸이 야속하다고 생각한다.

어머니가 가지고 있는 '포함' 단위라는 심리 구조를 이해하면 딸도 어머니를 이해하는 데 도움이 된다. 어머니가 왜 자신을 그렇게 대했는지 알면 어머니의 행동을 예민하게만 받아들이지 않을 수 있다. 그 젊은 딸에게 이제라도 어머니와 마음을 나눌 수 있다는 믿음의 씨앗을 심어보자고 독려했다. 물론 어머니를 만났으면 어머니가 딸을 포함하고 있어 불러온 문제점에 대해 이야기 나눴을 것이다.

엄마의 목소리
볼륨을 줄여요

> 엄마는 자녀를 향해 소리 높여 목소리를 낸다. 자녀가 자신과 '다른 소리'를 내는 걸 듣기 싫어한다. 그러고는 "독재는 안 된다. 창의성을 길러야 한다"고 말한다. 하지만 지금 아이에게 내지르는 "네 멋대로 하지 말고, 엄마 말 좀 들어"라는 소리가 바로 독재이고, 창의성 말살이다. 아이들이 서로 다른 느낌을 담은 소리를 낸다면 복잡하지만 조화로운 화음을 만들어낼 수 있다.

이제까지 열심히 살아왔다는 젊은 엄마가 찾아왔다. 남들이 보기에는 착실한 전문직을 가진 남자와 결혼해 더없이 행복해 보이는 니다. 남편은 일하는 분야에서 꽤 알려진 사람이라 책도 내고, 결혼 전에 살 집도 마련해 안정된 생활을 할 수 있는 사람이었다. 그런데 아이 낳고 살면서 젊은 엄마는 사는 게 재미가 없어졌단다. '이 남자와 평생을 살아야 하나' 하고 가끔 생각하게 된다고 한다. 이혼하면 어떻게 되나 싶어 법률 자문도 받아보았다. 그런데 특별한 이혼 사유도 없고, 혼자 아이를 키운다는 게 만만치 않다는 것을 생각하면, 이혼도 자신 없단다. 어쨌든 남편과 같이 살기는 해야겠는데 이렇게 생기 없이 살 수는 없다 싶어 방도를 찾기 위해 상담소에 온 것이다.

남편과 사랑을 주고받으며 재미있게 살고 싶은데, 그게 마음처럼 잘 안 된다고 고민을 토로했다. 결혼 전에는 재미있게 살았는지 물었다. 누구에게 진심으로 사랑을 받고 사랑해본 적이 있었는지도 물었다. 그 물음에 잠시 생각해보더니 "부모님께 사랑받았어요"라고 했다. 부모님에게 받은 사랑에 대해 자세히 이야기해보라고 했더니, 자신을 양육하느라 애쓰신 노고를 치하했다. 먹이고, 입히고, 학교에 보내준 것 등을 말이다. 그러던 중 갑자기 한 살 아래 남동생과 자신이 받은 사랑을 비교하며 혼란스러워했다.

젊은 엄마에게 형제라곤 남동생 하나뿐이었다. 형제가 그리 많지 않았는데 부모님은 남동생만 대학 교육을 시켜주었다. 자신은 스스로 돈을 벌어 대학에 다녔다. 부모님께 도움받지 않고 대학을 졸업한 게 쉽지 않은 일이었지만, 지금까지 그것에 대해 큰 불만은 없었다. 한 번쯤 부모님께 힘들다고 말이라도 해볼 수 있었는데, 혼자 해낸 딸을 칭찬해달라고 어리광이라도 부려볼 수 있었을 텐데, 그녀는 그러지 않았다.

부모님은 사이가 나쁜 것은 아니지만, 두 분이 특별히 사랑하거나 애틋해 보이지는 않았다. 그래서 자신도 부모님처럼 그냥 그렇게 결혼해서 살 수 있다고 여기고, 결혼 정보회사를 통해 남편을 만났다. 그런데 이제 와서 인생에서 가장 중요한 배우자 선택을 왜 그렇게 했는지 새삼스럽게 의문이 들었다. 남편에게 딱히 문제가 있다기보다 사랑하는 마음이나 느낌이 없이 이제까지 살아온 자신에게 문제가 있다는 것을 발견한 것이다. 진정 부모님의 사랑을 받았다고 믿고 있는지 스스로에게 다시 묻게 되었다.

그렇게 자신을 돌아보며 엄마로서 아이와 함께 재미있게 놀 줄 모른다는 것도 새삼 깨달았다. 아이가 돌봐주는 도우미 아주머니를 더 찾는 걸 보고 서운했다. 그러고 보니 남동생과 올케에게도 서운한 마음이 없지 않았다. 올케가 손위 시누이인 자신을 무시하는 것 같았기 때문이다. 이렇게 자신의 인간관계를 돌아보고 나니 처음에 문제 삼았던 남편과만 문제가 있었던 게 아니라는 것을 알게 되었다.

사회에서 인간관계에 문제가 생긴 사람들은 상대방의 문제점에 대해서만 지적하며, 그 사람을 어떻게 다루어야 하느냐고 묻는다. 그런 이들은 대부분 자기중심의 판단에서 한 발자국도 움직이지 못하는 사람들이다, 이는 의사소통 기술을 연마한다고 해결될 일이 아니다. 다른 사람들이 어떻게 느끼고 생각하는지 전혀 모르는데, 단순히 화술만 익힌다고 되겠는가. 어려서부터 자신이 엄마와 전혀 다른 느낌과 생각을 하고 있다는 것과 이를 표현하려는 욕구를 저지당했기 때문에 이런 현상이 벌어지는 것이다.

엄마들은 자녀가 자신의 생각대로 표현하려고 하면 곧잘 "네 멋대로 하지 말고, 엄마 말 들어"라고 묵살하곤 한다. 그것이 아이가 잘못된 길을 걷게 될까봐 염려하는 마음이라는 것은 안다. 하지만 엄마와 다른 마음을 가져본 적이 없는 아이는, 자신을 엄마와 분리해서 생각하지 못하고, 모든 것에 대해 무감각해질 수밖에 없다.

특히 맏이는 어른들만 있는 상황에서 태어나 엄마의 강한 '포함'의 자세에 압도되어 자라는 경우가 허다하다. 자녀의 느낌에 민감한 엄마들은 아이가 자기표현을 할 수 있도록 기회를 주겠지만, 엄마 역시 육아의 경험이 없는 상태에서 첫아이를 자신 위주로 생각하며 대할 가능성이 높다.

그렇게 자신의 느낌을 가져보지 못하고 자란 아이는 다른 사람의 느낌을 눈여겨보고, 소통하고, 조절할 기회도 없었기 때문에, 친구들과 관계도 원만하지 못할 가능성이 높다. 인기가 많아 스타 노릇을 하는 경우가 아니면, 자기 틀 속으로 숨어들어가 혼자 하는 일을 찾아낸다. 책을 좋아하는 아이 중 정말 책이 좋아서 그러는 경우도 있겠지만, 사람을 외면하고 책과 소통하는 것이 편해 책 속으로 마음을 숨기는 아이도 많다. 책은 윽박지르지도 않고 조용히 있으니 안전하다고 느낄 것이다.

어른들은 책을 좋아하고 공부를 잘하면 인간관계는 별로 중요하지 않다고 생각한다. 하지만 상담하다 보면 우울증을 앓는 젊은이 대부분이 부모님 말씀 잘 듣고 교육제도 대로 잘 따라와 장래가 촉망된다는 평가를 받아온 사람들이다.

어느 날 차 안 라디오에서 흘러나오는 음악을 듣다가 하프시코드 연주자가 한 말에 눈물이 울컥 솟았다. 자기 악기를 독주하는 것에만 관심을 갖다가 언젠가 J. S. 바흐의 관현악을 위한 모음곡 2번 연주를 듣고 하프시코드가 다른 악기들과 함께 어울려 내는 소리가 얼마나 아름다운가를 처음 느꼈다고 했다. 사람들 역시 다 각기 다른 소리의 결을 갖고, 각기 다른 향기와 색깔, 그리고 온기를 가지고 있다. 우리가 사는 세상은 그렇게 각자의 소리를 제대로 내고 서로의 소리를 들으며 함께 살아야 한다는 것을 절실히 느끼기에, 그렇지 못한 요즘 사람 사는 꼴이 안타깝다. 더욱이 엄마들이 나서 그 조화를 깨고 있는 것 같아 마음 아프다.

지금이라도 늦지 않았다. 그래서 나는 엄마들에게 사람 사이에 오가는 마음과 서로 이해하려는 마음을 가지라고, 특히 내 아이의 마음과 느낌을 이해하기 위해 노력하라고 목이 쉬게 전한다.

돈으로 아이를 기르고, 돈만 버는 아이로
교육시키는 것이 현실이다. 하지만 어떤 아이는
감성이 더 발달되었고, 어떤 아이는 공부를 더 잘하고,
어떤 아이는 다른 이들을 더 잘 이해하는 재주를 가지고 태어났다.
그렇게 특별한 아이의 능력을 엄마가 알아봐주기 바란다.

3
엄마 노릇 힘들게 만드는 사회 문화의 습속

우리나라 엄마들의 심리 구조인 '포함' 단위와 맞물려 돌아가는 것이 우리 사회 문화의 잘못된 습속이다. 눈에 보이지 않는 가치는 간과하고, 뭐든 돈으로 해결할 수 있다고 생각하고, 경쟁을 부추기고, 체면을 중시하고, 남녀의 고정된 성 역할을 고집하고, 남을 돕지 않을 뿐만 아니라 도움받기도 꺼려하는 우리의 습속 탓에 자녀를 기르기가 더욱 힘들어지는 것이다.

　우리는 보이지 않는 느낌이나 마음의 문제에 둔감한 채, 보이는 것과 잡을 수 있는 것에만 가치를 두고 세상을 살아간다. 그러다 보니 자녀를 양육할 때도 보이는 것을 중요하게 생각한다. 아이의 관심이 어디에 있는지, 어떤 것에 호기심을 느끼고 만족하는지, 마음이 얼마나 자랐는지는 보이지 않기 때문에 중요하지 않다. 등수가 확연하게 보이는 성적표가 중요하다. '공부-일류 학교-취업-돈과 힘'은 손에 잡히고 눈에 보이는 것이기에 엄마는 자녀에게도 이를 강조한다.

공부 잘해서 일류 대학에 들어가고 좋은 회사에 취직해 돈을 벌어 힘을 키우도록 하는 것이 엄마가 자녀를 위해 할 일이며, 또한 엄마 자신의 삶의 성공을 가름하는 것이라 여긴다. 이렇게 경제주의가 우리 사회 어느 구석에나 속속들이 자리하고 있으니, 엄마는 자녀가 커서 "밥벌이 못 할까봐"라는 염려를 내세워 '경쟁'을 더욱 부추긴다.

어느덧 우리는 '밥만으로 사는 것이 아닌 삶'을 그려볼 만한 힘을 잃고, 어쩌면 이젠 그 싹조차 찾아보기 힘든지 모르겠다. 저질 물질만능주의로 치달으면서 사람의 품위도 볼품없이 떨어졌다. 이런 문화 안에서 동조하여 수동의 자세를 취하는 한 엄마와 아이는 함께 어쩔 수 없이 이런 사회 문화의 피해자로 남을 수밖에 없다. 자녀의 행복을 바란다는 이유로 엄마들이 아이를 경쟁으로 몰아가는 주체가 된 지금, 어쩌면 엄마들은 잘못된 사회 문화 습속의 앞잡이가 되어 아이를 가장 아프게 하는 장본인이 되어가고 있는지도 모른다.

경쟁으로 치달으면서 무엇보다 안타까운 것은 세상은 혼자 살아가는 것이 아님을 아이들 마음 깊이 스며들게 교육하지 못한다는 것이다. 아이는 세상에 태어나 처음에는 엄마에게 의존할 수밖에 없다. 엄마는 그런 자녀를 사랑과 배려로 양육하고, 아이는 엄마에게 사랑받는 존재가 되려고 노력하며 서로 기쁨과 감사를 나누는 인간관계를 맺어간다. 그런데 그 인간관계가 엄마와 자녀 사이에서만 끝나게 해서는 안 된다. 엄마와 신뢰와 사랑으로 맺은 인간관계를 세상으로 확장시켜야 하는데, 지금의 엄마들은 아이에게 그런 것을 못하게 하고 있다. 오히려 세상이 살벌하다면서 '포함'한 가족 이외의 바깥세상을 믿지 못할 적으로, 험악한 곳이라고 세뇌한다. 높이 벽을 쌓고 소통이 두절되게 만드는 것이다. 하지만 아이는 엄마가 쌓아놓은 벽 안에서만 살 수는 없다. 자녀가 그 벽을 허물고 혹은 뛰어넘고 잘 나아갈 수 있도록 길을 터주는 것도 엄마의 몫이고, 자녀가 나갈 바깥세상이 살기 좋은 곳, 착하고 친절한 곳이 되도록 함께 노력하는 것도 엄마가 할 일이다.

공부 안 하면
커서 실패한다

> 학교 공부 잘하는 것이 제일 중요한 것이라 여기고 몰아가는 현상의 맨 앞에 엄마들이 서 있다. 아이들 편에서 그 마음을 살펴주는 역할을 하지 않고, 아이들의 마음을 제쳐두고 공부를 잘하도록 채찍질하는 역할만 하는 것이다.

남편과 산책을 하다가 한 아파트 단지를 지나게 되었다. 나무도 울창하게 우거지고 아파트 동과 동 사이도 여유 있어 좋았다. 놀이터도 햇볕 잘 드는 곳에 안전하고 널찍하게 잘 만들어서 있었다. 그런데 이상하게도 거기서 노는 아이를 한 명도 볼 수 없었다. 집 근처 일산 호수 공원을 걷는 사람도 거의 노인 아니면 중년들뿐이고, 간혹 몸매를 가꾸기 위해 파워워킹을 열심히 하는 젊은이뿐이더니 이곳도 마찬가지다. 한창 뛰어놀아야 할 아이들이 놀이터에도 공원에도 없다. 아이들은 모두 어디로 갔을까? 그 답을 엄마들은 알고 있다.

"놀이터에서 놀 시간이 어디 있어요? 공원에서 산책할 여유가 어디 있어요? 그렇게 한가한가요?"

그러니 놀이터는 늘 비어 제 구실을 하지 못하고, 한밤중 연인들의 은밀한 데이트 장소, 비행 청소년들의 근거지가 되고 말았다.

내가 초등학교 5학년 때 6.25전쟁이 났다. 숙제도 없는 방학 아닌 방학을 석 달 동안이나 놀았던 기억이 있다. 전쟁은 무서운 것이었지만, 무섭지 않게 보호해준 부모님 덕에 돈암동 골목에서 열심히 놀았다. 놀이 종목도 얼마나 많던지 게임기가 없어도, PC방이 없어도 지루하고 피곤한 줄도 모르고 하루 종일 놀았다.

하지만 요즘 엄마들은 아이를 놀지 못하게 한다. 심지어 공부하라고 위협하고 협박한다. "공부 안 하면 커서 실패한다"고 윽박지른다. 어린 시절 그렇게 놀아도 우리 어머니는 자식들에게 "실패한다"고 하지 않았다. 그렇게 놀고 자라서 일흔이 넘은 나는 아직도 공부를 즐긴다. 내가 만나는 사람들이 가진 문제가 늘 궁금하고, 알고 싶은 호기심이 있기 때문이다. 호기심 없이 점수 따기 위해, 특목고 가기 위해, 일류 대학 가기 위해 공부하라고 다그치면, 정말 공부라는 단어만 들어도 만정이 떨어질 것 같다.

자녀의 마음은 아랑곳하지 않고 엄마들은 모여 앉았다 하면 아이를 무슨 수로 책상 앞에 묶어둘까 궁리하고, 어떻게 하는 것이 효과 있는 방법인지 서로 정보를 나눈다.

엄마가 원하는 것이 공부인 줄 아는 아이는 공부하려고 애를 써본다. 하지만 누구나 공부를 잘하는 것도 아니고, 더욱이 주입식 학교 교육에 맞지 않는 아이도 분명 있을 수 있다. 그러나 다른 길은 전혀 열려 있지 않은 것이 우리 현실이니, 엄마는 그런 아이 때문에 속상하고, 속상해하는 엄마의 모습을 보며 아이는 상처 받는다.

물론 학교 교육에 잘 맞는 아이도 있다. 어느 정도 해보니까 성적이 잘 나오고, 선생님한테 칭찬받고, 엄마도 좋아하니 더 열심히 한다. 그런 아이가 특목고에도 가고, 원하는 대학에도 들어갔다고 하자. 하지만 공부는 잘하는데 다른 사람과의 관계에 문제가 생긴다면 어떻게 할까. 자신에게 성적을 주는 어른(교사)과 자신의 학비를 대는 어른(부모)과는 잘 지내지만 동료 학생들, 이성 친구, 선후배와 잘 지내는 방법을 모른다면 어떻게 할까.

어른들은 공부 잘하고 말썽 피우지 않으면 아무런 문제가 없다고 여긴다. 하지만 아이는 공부만 잘해서 되는 것이 아님을 뒤늦게야 알게 된다. 어른이 되는 과정은 결코 쉽지 않다. 나이로는 어른인데 관계의 문제를 풀어가는 면에서는 갓난아이 수준이라, 다른 이들의 행동을 이해 못하는 사람이 많다. 사회성에서는 거의 자폐 수준인 것이다. 철학 책을 읽고 난해한 이야기는 하는데, 아주 기초가 되는 사람의 느낌에 대해서는 잘 모른다. 그런 이들은 논리는 펼 수 있기 때문에 다른 사람을 자기가 보는 방식으로 해석하고 오해한다. 다른 사람이 자기와 다르다는 것을 성장하면서 경험하고 알아가야 하는데, 일찍부터 공부만을 강조한 부작용이 뒤늦게 나타나는 것이다.

노벨상 받은 다른 나라 과학자가 우리나라를 둘러보고 토론이 없는 환경 속에서 자라고 교육받은 사람은 창의적일 수 없다고 일침을 가했다고 한다. 우리나라 국민 전체가 그렇게 오매불망하는 노벨상이 불가능하니 단념하라는 소리로 들린다. 청와대에서 주입식 교육에 바치는 시간 20퍼센트를 줄이라는 제안을 했다는 소식이 들린다. 주입식 교육이 아예 없어져도 될까 말까인데 겨우 20퍼센트 줄이기도 이렇게 힘이 든다.

　학교교육만으로 될 일이 아니다. 누구나 첫 경험을 하는 곳이 가정이다. 아이들은 이미 가정에서 부모가 만든 주입식 교육의 분위기에 익숙해져 학교에 간다. "엄마 말 잘 들어야 하고, 선생님 말은 더 잘 들어야 한다"는 것을 세뇌당한 채 학교 문턱을 넘는 것이다.

　어른들 생각의 전환이 없으면 제도가 아무리 바뀌어도 소용이 없다. 엄마들은 이렇게 우리나라 전반의 문제와 자녀 교육을 연장선상에서 바라보고 이야기하면 마음으로 받아들이기 힘들어한다. 변호하고 핑계를 찾느라 마음이 분주해진다. 하지만 아이들에게 숨 쉴 틈도 없이 '공부, 공부'만 하게 해서 남 주지도 못하고, 받지도 못하는 불구자를 만들려 하는가?

아빠 노릇을 왜
엄마가 하는가

남녀 구분하지 않고 현대 교육을 받기 시작한 것이 반세기가 넘었고, 직업 현장에서 여성에게 금지된 영역이 사라진 지 오래다. 그럼에도 양육 문제는 거의 엄마가 도맡아 하고 있다. 아이에게는 엄마만 필요한 것이 아니라 아빠도 중요한데, 그 자리를 엄마가 꿰차고 놓아주지 않는다. 남녀 고정된 성 역할을 서로 고집하고 있어서이다.

상담실에 오는 부인들이 남편과 말이 통하지 않는다고 불만을 털어놓곤 한다. 이야기를 들어보면 남편들이 어쩌면 그렇게도 자기만 아는 자기중심의 남자일까 기가 막힐 때도 있다. 마음대로 외출하고, 운동하고, 심지어 여행 가고, 늦었다고 집에 들어오지도 않은 채 아침에 곧장 출근하는 남자도 있다. 그들은 차 안에 얼마간 집에 들어오지 않고도 지낼 준비를 항상 해놓기까지 한다. 그 이야기만 들으면 남편들이 가정에 대한 책임감도 없고, 형편없이 냉정한 사람으로 보인다. 하지만 이 중 어떤 경우는 부인이 남편 구실, 아빠 노릇을 할 기회를 통 내주지 않고 밖으로 돌게 만들기도 한다는 사실을 간과하는 것 같다.

남편에 대한 불만을 토로한 부인이 있었다. 그 부인은 결혼 전에 이성에 대한 관심이 없었다. 대신 일과 교회 봉사활동에 집중하며 살아왔다(아내가 교회 가겠다고 하면 성경 공부는 해도 좋은데 교회 가는 것만은 하지 말라고 말리는 남자들이 이해될 만큼 교회에 빠져 사는 이가 꽤 있다). 남자보다는 여자들과 지내는 것이 더 편했다. 그런 니가 결혼한 이유는 부모님 집에서 벗어날 길은 그것밖에 없기 때문이었다. 그리고 남들 다 하는 결혼이니 그냥 그렇게 흘러가도 괜찮다고 여겼단다. 그렇게 한 결혼이고 보니 남편에게 애틋한 마음도 없었고, 이렇게 사는 게 결혼생활인가 하는 헛헛한 마음이 생겼다. 그 헛헛한 마음을 달래기 위해 일과 교회에 더 매달렸다. 그러다 아이가 생겼다.

이제 그 부인의 관심은 온통 자녀에게로 쏠렸다. 남편은 집에 들어와도 재미없으니 겉돌고 짜증을 냈다. 짜증의 도가 지나쳐서 폭발하고 나가면 부인은 뒷수습을 하고, 남편은 다시 들어와 또 화를 내는 그런 시간의 반복이었다. 아이들에게 비치는 아빠는 가정에 관심도 두지 않고, 들어오면 소란 피우는 사람으로 각인되었다.

그 부인은 남편이 자신과 아이들에게 무관심하고 화만 내기 때문에, 우리 가족은 남편이 없을 때 더 편하다고 말한다. 그 말 속에서 이미 남편은 가족 밖으로 내처져 있음을 발견할 수 있다. "남편이 외국에 가 있는 2년 동안 너무 편하고 좋았어요"라고 아무렇지도 않게 말하는 부인이 과연 괜찮은 걸까.

놀랍게도 자녀 때문에 각방을 쓰는 부부가 꽤 된다. 다 자란 아이를 엄마가 데리고 잔다. 방 한 칸에서 온 가족이 살던 피난 시절도 아닌데…… 또 그렇게 살아야 할 형편이 아닌데도 그런 침실 구도를 유지한다. 아이마다 방이 있는데도 아이가 무서워한다고 핑계를 댄다. 그리고 각방 쓰는 것을 예찬까지 한다.

남편이 가정에 무관심하다며 불만을 가지고 상담실을 찾아와 이런 이야기를 입 밖으로 내고, 자신이 한 말을 귀로 듣고, 그 말을 듣는 상담자의 얼굴을 보는 시점에 이르면, 상담을 시작할 때 자신이 한 말이 공평하지 않았다는 것을 스스로 느끼곤 한다. 남편의 겉도는 행각에 자신이 한몫 거들었다는 것을 알게 되는 것이다. "나는 결백하다"고 할 수 없다는 것을 알고 반성한다. 물론 남편도 더 열심히 마음을 나누고 살았어야 한다는 점에서 "결백하다"고는 할 수 없을 것이다. 남편을 상담했다면 그걸 깨닫도록 했을 것이다. 그러나 나는 여성 상담을 하는 사람이기 때문에 여성이 진정으로 깨닫게 되면 남편의 몫을 없애지 않고, 부부와 부모의 역할을 함께할 것이라 기대해본다. 지어미(婦)가 지아비(夫)가 될 수 없는 것이며, 어미(母)가 아비(父)역할을 다 할 수 없으니 말이다.

지인 중에 좋은 직장에 꽤 오래 다녀 직급도 높아진 사람이 고민 끝에 그 자리를 떠났다. 원체 글 쓰는 일을 전업으로 하고 싶어하던 사람이라 글을 쓰기 위해서다. 그는 부인과 의논 후 지금은 집에서 글 쓰는 일을 한다. 그러면서 자연스럽게 자녀와 지내는 시간도 길어져, 차츰 아이와 함께 지내는 일이 얼마나 보람된 것인가 깨닫게 되었다고 한다. 장당 얼마를 받는 원고료를 위해 원고지 숫자만 늘리는 마음에서 벗어나 자유롭게 되었다. 직장에서 자유를 찾으려고 떠났지만 참 자유는 아이와 놀면서 찾게 된 것이다.

남자들이 가장으로서 가족의 생계를 책임진다는 명목으로 가정에서 누릴 자리를 놓쳐버리는 경우가 많다. '사랑이 있는 가정'이 되어야 가장이 돈만 벌어오는 도구로 전락하지 않는다. 남자에게 '남편으로서 존재감'과 '아버지로서 존재감'을 잃게 해서는 안 된다.

나는 남편과 말이 통하지 않는다고 토로한 니에게는 남편의 마음을 궁금해하고 알아보려고 애쓰라고 권한다. 혼자 짐작하고 오해하며 살지 말아야 하고, 그 전에 자신의 마음을 먼저 알아야 한다. 그리고 친정어머니가 결혼 전에 내게 해주셨던 "싸움하더라도 절대로 각방 쓰지 말라"는 말도 같이 전한다. 그러면 자녀에게도 아빠의 자리가 생겨나지 않을까? 그리고 그 아이가 자라, 남편 노릇을 잘하게 되고, 또 남편과 잘 지내는 아내가 될 것이다.

돈으로 아이를 기르고,
돈만 버는 아이로 교육시킨다

경제적 차등이 아이가 건강하게 자라는 데 걸림돌이 되는 것이 현실이다. 경제가 우선시되다 보니 양육에서 가장 중요한 것이 돈이 될까봐 걱정스럽다. 사람도 상품이 되는 세상은 되지 말아야 한다.

'가난한 집 아이들 질병 잘 걸린다'라는 안타까운 기사를 접했다. 기사에서는 고소득층 아이들보다 저소득층 아이들이 과잉행동, 아토피, 천식 등의 질병에 두 배나 더 많이 걸린다고 나왔다. 가난한 아이들이 먹는 것도 신통치 않고, 스트레스와 불안정한 생활 조건 때문에 면역성도 떨어지기 때문이란다. 기사를 읽으며 '가난한 부모 품에 태어났다는 이유로 건강상 불리해져서는 안 된다'는 복지의 원칙이 굳게 자리 잡기를 바랐다.

그러면서 한편으로는 우려의 마음이 생겼다. 이 기사가 돈이 있어야만 아이를 잘 키울 수 있다는 요즘 분위기를 또 한 번 강조하는 것 같아서이다. 돈으로 뭐든 가름하고 돈으로 해결하려는 생각이 모든 가치를 넘어서는 것이 안타깝다. 엄마들도 아이를 볼 때 앞으로 돈을 많이 벌어 비싼 차를 타게 되기를 기대할까봐 두렵다.

이 세상에 태어난 아이들이 모두 돈을 잘 벌 수 있게 태어나지 않았다. 어떤 아이는 감성이 더 발달되었고, 어떤 아이는 공부를 더 잘하고, 어떤 아이는 다른 이들을 더 잘 이해하는 재주를 갖고 태어난다. 각기 다른 특성을 가진 아이들이 함께 서로 도와가며 조화롭게 산다면 좋을 것이다. 그런데 돈과 권력이 많은 사람들이 그렇지 않은 사람들과 나누며 함께 사는 세상이 아니기에, 엄마가 자녀를 들볶을 수밖에 없다는 것을 안다. 오롯이 혼자 모든 걸 다 해내는 사람으로 키워내려니 얼마나 힘이 들까?

엄마는 자녀가 나중에 제 앞가림을 못할까봐 걱정이다. 우리 사회가 남을 잘 돕지도 않고, 또 도움받는 것도 몹시 꺼려하기 때문이다. 동정심을 품고 남에게 동냥하듯 도움을 줄지언정, 절대로 남의 도움을 받고 살지는 말아야 한다고 생각한다. 얼마나 모순인가? 이 세상 어느 누구도 다른 이의 도움 없이 사는 사람은 없다. 그럼에도 돈을 지불하지 않고 받는 도움에 어색해하고, 돈을 받지 않고 다른 사람을 위해 봉사하는 것에도 인색하다.

엄마들이 돈에 매인 생각에서 벗어나야 아이들이 개성에 따라 살 수 있도록 사회제도도 바뀔 수 있다. 엄마들은 지금 '돈 잘 벌어 잘 사는 사람'으로 만들기 위해 열심히 사교육에 매진하고 있다. 하지만 공교육을 잘 만드는 일에 다 함께 나서지 않고 뿔뿔이 흩어져 아무리 열심히 힘을 쏟아봐야 헛된 노력이다. 돈벌이에 자녀를 목매

게 하는 엄마들은 아이의 사람다움을 얼마나 잃게 하는지 모르고 있다.

충청도 어느 마을 초등학교 선생님이 특정 정당에 후원금을 냈다가 파면당했다. 그 선생님이 마지막 인사를 하는 날 학생들은 슬픔에 젖었다. 선생님은 어려서 학교에 낼 돈이 없을 정도로 가난해 교무실에 뻔질나게 불려 다녔고, 차비가 없어 수십 리 길을 걸어 다녔단다. 무상교육을 정책으로 내세우는 정당이 있어서 반가워 후원금을 냈을 뿐이다. 그는 가난한 사람을 돕는 일이라면 언제나 동참했다. 학생들에게 "어려운 사람, 도움이 필요한 사람을 언제나 아끼고, 도움을 실천하는 사람이 되기를 바란다"고 마지막 당부를 했다.

한 젊은이가 마음이 너무 혼란스럽다며 상담을 청했다. 학교 교사인 어머니와 사업하는 아버지 품에서 가난을 모르고 자란 니였다. 부모님은 다른 사람을 돕는 활동은 쓸모없는 것이라고 늘 이야기한단다. 돈이 되지 않는 일에 시간과 힘을 쓰는 것은 못난 짓이라고 가르쳤다. 그런데 자원 봉사하는 상담소에 와서 도움을 받고 나서, 돈이 안 되는 일에 몸담고 사는 사람들과 어울리며 갈등하기 시작했다.

"세상은 각박한 곳이야. 그러니 너도 무섭게 살아야 돼" 하는 부모님의 생각과 자신의 생각이 다를 수 있다는 것을 처음 경험한 것이다. 지금까지 명품을 가져야 사람대접 받고, 잘 차려 입고 나서야 '가진 사람 티'가 나고, 성형 수술로 예쁘다는 기준에 맞추어야 결혼

시장에서 인기 상품이 되어 '좋은 고객'에게 팔려 갈 수 있다는 생각만 했었다. 하지만 지금은 자신이 돈으로 매매되는 상품이 아니라는 것을 깨닫고, 사람의 온기를 찾으려 하면서 부모가 대물림해준 가치와 충돌을 하게 되었다. 사람으로서 당연히 해야 할 고민이고, 가치 충돌이다.

돈은 있다가도 없어지기도 한다. 그러나 희망과 끈기로 건강한 삶을 되찾아가는 문화는 없어지지 않는다. 엄마들이 그 면을 잃지 않았으면 좋겠다. 돈으로 희망과 건강을 살 수 없다.

현대판 삼종지도를 따르며
살고 있다

삼종지도(三從之道)가 옛말이라고 생각하는가? 요즘 여성들이 아버지, 남편, 아들을 따르는 삼종지도에서 벗어났는지 모르지만, 쏟아지는 정보와 종교 지도자, 전문가들에게 의존하지 않는가? 자식도 자기 마음의 눈으로 보고 양육하는 것이 아니라, 의존하는 대상의 손끝을 따라가며 기르는 것이 아닌지 묻고 싶다.

예전에 여자는 삼종지도를 따라야 한다고 했다. 아버지의 말씀에 순종하고, 남편을 섬기고, 아들의 말을 따라야 하는 것이 여자의 도리라 여긴 것이다. 지금 젊은 엄마들에게 이 이야기를 하면 그런 건 다 옛말이라고 웃을지도 모른다. 그렇다면 지금 엄마들은 다른 사람을 따르지 않고 스스로 판단하며 자기답게 살고 있을까?

아버지, 남편, 아들에게 의존하는 것에서 어느 정도 벗어났는지는 몰라도 자신의 삶에 주인 노릇은 아직 못하고 있는 것 같다. 기독교인은 목사에게 의존해 신앙생활을 하고 있다. 삶을 마감하는 날 하나님 앞에 가서 "너 왜 그렇게 살았느냐?" 물으시면 "우리 목사님이 그렇게 살라고 해서 그랬는데요"라고 대답할 참이다. 제대로 살지 못한 탓을 가톨릭 성도는 신부 핑계를 대고, 불교도는 종단 어른스님 때문이라고 하지 않을까?

신앙생활만 그렇겠는가? 자녀의 미래를 선택할 때도 아이가 원하는 것, 소질 있는 분야를 택하기보다 정보에만 의존한다. 아이가 정작 중국에 관심도 없는데 중국이 국제사회에서 부각되니 중국어학과를 선택하게 하고, 생활의 안정을 위해 적성과 상관없이 교사가 되기를 희망한다. 엄마들이 전망 좋은 전공이라며 아이에게 권하는 것을 들어보면, 결국 돈을 벌어 잘살 수 있는 전공을 말하는 것이다.

자신의 삶을 사는데 언제까지 남의 이야기와 정보에 따라 살고, 심지어 아이까지 그렇게 따라 살게 하겠는가? 그렇게 의존하다가 그 정보가 틀렸다고 하면 어쩌겠는가?

어떤 분야든 누구나 그 일을 잘할 수 있는 것은 아니다. 그 일에 적합한 사람이 따로 있고, 그런 사람이 맡아야 그 분야가 발전되고 일하는 사람도 행복하다. 내가 영국에 있을 때 소아 환자를 진찰하는 과정에서 울렸다고 해서 소아과 시험에 떨어진 훈련의를 보았다. 그곳에서는 입학시험 성적만으로 학생을 선발하지 않는다. 면담을 통해 의사의 자질과 헌신의 마음이 있다는 걸 보여주어야 의과대학에 입학할 수 있다. 아이가 의사, 법관, 교사, 회계사 같은 전망 좋은 직업을 갖기 바라기 전에, 그 일이 아이에게 맞는지 고민해 보아야 한다. 그리고 스스로 자기 영역을 만들어갈 수 있도록 독려하면 더 좋을 것이다.

다른 사람들의 말에 의존해 살다가 자신의 문제를 그렇게만 풀 수 없다는 것을 어렴풋하게 깨닫고 상담실을 찾아오는 경우가 많다. 어떤 책도 나의 삶만을 위해 씌어진 것은 아니고, 어떤 유명한 사람도 내 인생의 길을 대신 찾아줄 수는 없다. 그런데 자꾸 책과 다른 이들의 이야기만 쫓아가려 한다. 나의 삶만 그런 것이 아니라, 자녀 역시 다른 사람들 말대로 기르고 있다. 아이가 태어나자마자 자녀 교육 서적을 찾아 읽으며, 저자가 말한 발달 단계에 맞추려고 한다. 그리고 그 발달 단계에 내 아이가 미치지 못한다고 생각하면 안달을 낸다. 책을 읽지 않는 엄마보다는 낫겠지만, 중요한 것은 내 아이에게 맞는 정보를 취사선택할 능력을 스스로 길러야 한다는 점이다. 그 책을 쓴 저자는 내 아이를 본 적도 없다. 내 아이 교육의 전문가는 바로 엄마 자신이 되어야 한다. 그것이 현대판 삼종지도를 벗어나는 길이다.

자신이 어떤 사람인지 생각하지도 않고 살아온 엄마가 아이의 존재감마저 앗아간다면 그만큼 위중한 범죄가 또 어디 있을까! 사람이 다 다르다는 것, 겉모습만이 아니라 보이지 않는 속도 다 다르다는 것을 깨달은 후, 자신과 아이를 본다면 한없이 겸허해질 수밖에 없다.

지금은 고인이 되신 우리나라 대표 고고학자가 자전 에세이에 고백같이 쓴 글이 있다. 고고학을 하는 이라면 수세기 전 사람들이 남긴 귀한 삶의 흔적을 소중하게 보물 다루듯 발굴해야 하는데 "여론에 밀려 이틀 만에 발굴을 끝낸 것이 생애 최대의 수치였다"고. 몇 년이 걸리더라도 신중을 기해 얻어내야 하는데 말이다.

엄마들은 자신의 삶을 어떻게 다루고 있는가? 어린 시절부터 쌓이고 묻어두었던 삶의 흔적을 찾아볼 생각도 하지 않고, 별 생각 없이 다른 사람들 하는 대로 따라하면서 잘 살고 있다고 여기는 것 같아 안타깝다. 그리고 자신의 삶을 함부로 결단하는 이가 아이의 삶 역시 남의 말대로 쉽게 판단하는 것 같아 염려스럽다.

자녀의 눈을 열심히 들여다본 엄마가 얼마나 있는지 모르겠다. 아이의 특징을 세밀하게 관찰하고, 아이의 소망을 열심히 들어준 엄마가 주변에서 잘 보이지 않는다. 오늘이 세상의 마지막 날인 것처럼 자신과 자녀의 삶을 소중하게 아껴야 한다. 라면을 먹이지 말라는 말을 따르고 유기농 식재료를 열심히 구해 먹이는 것만으로 충분하지 않다. 다른 사람의 말에 귀 기울이기 전에 자신과 아이의 마음에 귀를 열었으면 한다. 열심히 인터넷 정보를 찾아보기 전에 자신과 아이의 안색과 표정에 눈을 돌리기 바란다.

엄마 노릇도
어머니 따라하고 있다

어머니가 자신에게 한 대로 엄마 노릇을 하고 있는 자신을 보고 소스라쳐 놀란 적이 있을 것이다. 그런데 어머니 역시 외할머니를 본 삼아 자식을 키운 것이고, 내 딸도 같은 모양새로 엄마 노릇을 할 것이다. 하지만 잘못된 엄마 노릇이라면 그 대물림을 이제 끊어야 하지 않을까.

시골에서 농사지으며 4남매를 길러낸 어머니를 대단한 분이라고 치하를 아끼지 않는 니가 있다. 그니는 "여자는 자기를 사랑해주는 사람에게 시집가 살아야 한다"는 어머니의 성화에 떠밀려 시집을 갔다. 상업고등학교를 졸업하고 도시에서 취직해 취미생활도 하며 즐겁게 지냈는데 말이다.

"당신 아니면 죽는다"고 매달리는 남편은 술 마시고 어머니를 괴롭히던 아버지와 달리 자신을 여왕 모시듯 해줄 줄 알았는데, 다를 바 없었다. 처음엔 잘해주는가 싶더니 시간이 흐르면서 냉담해졌고 "네가 뭘 아느냐"며 언성을 곧잘 높였다. 무언가 남편이 마음에 안 드는 일이 있으면 영문도 모르는 채 멍이 들기도 했다. 멍든 딸의 얼굴을 보는 친정어머니는 걱정이 늘었지만, 사위의 마음을 사려고 애썼다. 어머니는 아버지가 세상 떠나는 날까지 몸 바쳐 애쓴 것밖에 다른 도리가 없었으니, 딸도 그렇게 살 길밖에 없다고 여겼을 것이다.

그니는 빠듯한 집안 살림에 보탬이 되기 위해, 이것저것 바꾸어가면서 학습지를 팔고, 보험 설계도 하고, '안 해본 것이 없다'고 할 정도로 여러 가지 일을 했다. 친정어머니가 혼자 농사를 지으며 집안을 일궜듯이, 딸도 몸이 부서져라 일하고 재테크도 해서 가정을 꾸려갔다. 어머니는 농촌에서, 딸은 도회에서 각기 다른 환경에서 다른 일을 했지만, 희생하며 살아온 삶의 양상은 모녀가 같았다.

"돌이켜보면 살아온 날이 지긋지긋하다"고 하면서도 이제 그니는 엄마로서 자신의 딸에게 "나이 더 들기 전에 시집가야 하지 않느냐"며 재촉한다. 딸을 결혼시키는 일, 즉 엄마로서 책임을 다하고 나면 "훌훌 새가 되어 이 세상을 떠날 것"이라고까지 한다.

그니는 어머니의 말만 믿고 발을 들여놓은 결혼 생활이 얼마나 무모한 것이었는지 생각해보려 하지도 않는다. 남들이 다 하는 결혼이니 "서른이 되기 전, 아직 결혼 시장에서 잘 팔릴 때 좋은 신랑감을 만나야 하는데"라며 딸을 두고 걱정한다. 남편이 은퇴하기 전에 결혼시켜야 부조가 더 많이 들어오니, 결혼 비용을 생각하면 하루라도 빨리 가는 것이 좋단다.

그니의 딸은 어려서부터 아빠가 엄마에게 지르는 고함 소리에 깜짝깜짝 놀라고, 멍이 들 정도로 맞아가며 사는 엄마를 보며 자랐다.

서너 살 때는 아빠가 엄마의 목을 숨이 넘어갈 정도로 조르는 끔찍한 장면도 보았다. 딸은 그 꼴을 당하면서도 아빠 마음에 드는 말과 행동을 하려고 노력하는 엄마의 이중성이 싫었단다. 나이 들어 그것이 엄마의 생존 전략이라는 것을 알게 되기 전까지만 해도, 엄마가 자신과 아빠 사이를 이간질한다고 오해도 했다. 외할머니가 그랬듯이 엄마가 가해자인 아버지를 벗어나지 못하고 있다는 것을 몰랐던 것이다. "아빠가 나를 이렇게 아프게 했단다"며 딸의 동정을 구하고는 돌아서 또 아빠와 잘 지내는 엄마가 딸은 혼란스러웠다. 그렇게 엄마를 아프게 만들어놓은 아빠와 이제 이혼하나 보다 예상하면, 다음 날 아침 아무렇지도 않게 같은 방에서 자고 나와 밥상에 마주 앉는 걸 보아왔기 때문이다.

대학 교육을 받고, 여성학을 공부한 딸은 결혼할 생각을 접었다. 그런데 엄마는 딸을 이해하지 못한다. 그니가 상담실에 와서 처음으로 딸이 다르게 생각을 할 수 있다는 가능성을 듣고, 또 그럴 수 있다는 것을 알게 되었다. 다른 생각을 할 기회가 있었더라면 자신도 친정어머니와 다르게 살 수 있었을 거라는 점을 처음으로 깨달았다. 그니는 그냥 주어진 대로, 자신의 생각 없이 사는 것이 진정한 삶이 아니라는 걸 생각해본 적도 없었다. 세상에 나와 딱 한 번 짊어질 수 있는 삶의 수레를 자신이 가고 싶은 방향으로 마음대로 운전해서 갈 수 있다는 걸 생각도 못해본 것이다.

자기 어머니같이 사는 것을 당연하다고 여기는 니가 많다. 이는 자신이 독립된 존재라는 의식을 물려받지 못해서다. 그러나 이제 젊은 세대들은 엄마같이 살지 않겠다고 생각한다. 외할머니의 본을 벗어나지 못한 엄마와 다른 삶을 살고자, 자신 안에서 삶의 길을 찾아 거기에서부터 자라고 성숙해지려 한다.

젊은 딸은 아직까지 그런 새로운 삶을 찾아내기가 힘들어 애쓰고 있다. 서른 해도 안 되는 짧은 삶의 역사지만, 자신을 찾는 일을 방해하는 요인이 많기 때문이다. 돈이 많은 것이 좋다든가, 좋은 대학을 나오는 것이 성공의 지름길이라든가, 조건이 화려한 남자를 만나 광채 나게 살고 싶다는 유혹을 물리치기 힘들다. 자신을 찾는 길은 외롭고, 남 보기에 초라할 수 있다. 그리고 처음 가는 길이라 생소하고 힘들다. 처음 말을 배우는 아기 같다고 할까.

자신의 느낌과 생각을 어려서부터 궁금해하며 들어준 어른이 없었으니, 지금까지 자신의 느낌과 생각에 대해 깊이 고민해본 적이 없었다. 나는 젊은 딸에게 그래도 계속 고민하라고 격려한다. 그 고민을 접고 쉬운 길을 택하면 외할머니와 엄마의 길을 따르게 될 것이기 때문이다.

마음의 건강을
돌보지 않는 사회

엄마의 마음이 건강해야 자녀의 마음 또한 건강해진다. 아이를 위해서라도 보이지 않는 마음의 영역을 살펴보자. 엄마의 마음이 건강한지를 알아보려면 아이가 엄마를 어떻게 대하는지를 보면 된다. 엄마의 마음을 가장 잘 알아보는 사람이 바로 자녀이기 때문이다.

아파서 병원을 드나드는 사람들 가운데 몸에 아무 이상이 없다는 진단 결과를 받고 답답해하는 경우가 있다. 분명 가슴이 아프고, 소화가 안 되고, 설사를 해대고, 혈압이 오르는 듯하고, 부정맥이 느껴지는데, 온갖 현대 의학 장비로 검사를 해도 병명이 잡히지 않으니 답답할 수밖에 없다. 부부가 다 건강한데 기다리는 아이가 생기지 않아 애태우기도 한다. 커피도 마시지 않았는데 이유 없이 잠이 오지 않아 뒤척이는 것이 얼마나 괴로운 일인지 모른다고 토로한다.

이는 몸만으로 살고 있다고 착각하는 사람들에게 정신 차리라고 마음이 보내는 경고이다. 수천 년 전 이미 그리스 철학자들이 사람은 '몸과 마음'으로 이루어진 존재라고 밝히지 않았는가. 보이고 만질 수 있는 몸만을 보살피고 사는 것은 외눈박이로 사는 것과 마찬

가지다. 카네기 연구소 베라 루빈이라는 여성 물리학자가 '보이지 않고 질량이 없으며, 원자로 되어 있지 않은 무엇인가가 있기 때문에, 은하수의 그 많은 별들이 끊임없이 굉장한 속도로 돌면서도 흩어지지 않고 존재할 수 있다'는 이론을 내놓았다. 반짝이며 보이는 별이 있으려면 보이지 않는 것(dark matter)이 훨씬 많이 있어야 한다는 것이다. 보이지 않는 '그 무엇'이 없으면 별들은 다 뿔뿔이 흩어지고 떨어지고 만다.

우리는 보이는 것에 현혹되어 자신과 우리 곁에 있는 이웃의 보이지 않는 실체를 놓치고 있는 듯하다. 옆집 아이와 비교하여 내 아이가 가진 다른 면을 소중한 줄도 모르고, 아깝게 흘려버리는 건 아닌지 모르겠다. 돌이켜 생각해보자. 언제나 평균 키와 평균 몸무게로 비교하면서 내 아이를 재려 하지 않았는가. 첫 이가 언제 나고, 낯가림을 언제 하고, 뒤집기를 혹시 늦게 하지 않는지 얼마나 신경을 쓰는가? 걸음마를 처음 시작한 때가 중요하고, '엄마'와 '아빠'라는 말 가운데 무얼 먼저 했는지 실랑이하는 것은 그나마 애교스럽다. 조기교육이 아이의 생사를 가른다는 듯, 아이를 '성취'의 무대에 올려놓고 흔들어대기 시작하면 무서워진다. 이때부터 점수와 등수로만 자녀를 보기 시작하기 때문이다.

자녀의 창백한 표정, 떨리는 손, 비정상적인 체온, 식은땀은 안중에도 없다. 그러면 아이는 마음을 알아주는 부모를 잃고, 고아 아닌 고아가 되는 것이다. 엄마들은 내 아이가 화려한 연예인, 수억 돈벌이를 하는 박지성이나 김연아 같은 운동선수가 되기를 바란다. 그러고는 그것이 엄마 자신의 바람이 아니라, 아이의 꿈이라고 꼭 강조한다. 하지만 보이지 않는 것의 가치를 모르는 엄마 탓에 자신만이 가진 값어치를 찾지 못하고, 엉뚱하게 다른 사람이 되려 하는 아이를 만든 것이 바로 엄마 아닐까. 마음의 부모 잃은 고아로도 모자라, 자신의 알맹이를 버리고 껍데기로만 살아가는 아이가 되어가는 것이다.

아이를 잘 기르고 싶다며 상담을 청한 엄마가 있었다. 그 엄마의 친정 부모님은 외국어를 잘하셨고, 자녀들에게도 외국어의 중요성을 강조하시며 6남매가 다 몇 나라 말을 할 수 있도록 가르쳤다. 그 덕에 형제들 모두 전문직을 가지고 있고, 그런 자녀들을 바라보며 부모님은 자식 농사를 잘 지었다고 자부한다. 젊은 엄마는 자녀가 어려서부터 영어를 우리말과 같이 할 수 있게 만들고 싶어서 함께 책을 읽고 이야기를 나눈다. 하지만 직장 생활을 하면서 아이까지 잘 보는 것이 버겁고, 공부하기 싫어하는 아이 때문에 너무 힘이 든다고 호소했다.

나는 그 엄마에게 아이와 '무엇을 해야 한다'라는 생각을 하지 말고, '그냥 함께 있으면서 마음을 나누는 것도 괜찮다'고 조언했다. 그런데 그 엄마는 처음에 내 말을 알아듣지 못했다. 그리고 한참 뒤에 "뒤통수를 한 대 맞은 것 같아요"라며 울었다. 지금까지 아이와 무엇을 해야 한다는 의무감만 있었지, 교감하며 마음을 나눈

적이 없는 자신을 돌아본 것이다.

　엄마는 자녀의 마음을 아프게 해서도, 억울한 처지에 두어서도 안 된다. 아이에게는 아름답고 활기찬 총천연색의 삶을 살 권리가 있다. 그런데 아이가 마음의 영역이 없는 듯 무시하고 외면하도록 기르는 것은, 그 모든 느낌의 색깔을 지워버리고 흑백의 세상을 살라고 강요하는 것과 같다. 엄마가 자녀의 몸과 마음 모두를 사랑한다면 세상을 무채색으로만 보는 마음의 색맹으로 길러내서야 되겠는가?

　먼저, 엄마부터 마음의 색깔을 찾도록 건강검진 받길 권한다. 엄마부터 몸과 마음을 제대로 갖추고 아이들을 길러야 하기 때문이다. 그렇다면 엄마는 누구에게 검진 받아야 할까? 바로 자녀에게 받을 수 있다. 자녀만큼 엄마를 잘 아는 검진자가 어디 있겠는가?

　한 엄마가 밥상을 앞에 두고 아이와 앉아 우울한 기분으로 묵묵히 밥을 먹고 있는데, 아홉 살 딸아이가 "엄마 꼭 귀신 같아"라고 했단다. 아이의 진단이 딱 맞았다며 그 엄마가 상담소를 찾아왔다. 그래서 "계속 아이에게 진단 받으세요"라고 했다. 그리고 "아이가 그렇게 자기표현을 할 줄 아는 걸 보면, 엄마 노릇 꽤 잘하고 있는 겁니다"라고도 격려했다.

　엄마에게 억압받는 아이는 자기표현을 하지 못한다. 엄마의 모습을 보고 진단하는 아이는 엄마와 마음을 나누는 건강한 아이다.

체면이 그렇게
중요한가

우리 사회가 체면을 얼마나 중요하게 생각하는지 따로 설명하지 않아도 알 것이다. 그러다 보니 부모의 체면 때문에, 마음에 병이 들어 도움이 필요한 아이를 숨기고, 방치하기도 한다. 그래서 아이도 자신을 돌보지 않고 스스로를 무시하는 마조히스트가 된다.

초등학교 때 산에 놀러 갔다가 성폭행을 당한 니를 상담했다. 그니는 상담 도중에 소변을 참을 수 없다며 자주 화장실에 다녀왔다. 병원에서도 한의원에서도 아무 문제가 없다고 하는데, 정작 자신은 외출도 잘 하지 못할 정도로 어려움을 겪고 있었다. 주위에서 심리적인 문제 같다며 상담을 받아보라고 해서 나를 찾아왔다.

결론 먼저 이야기하면, 문제는 어릴 적 겪은 힘든 일을 부모가 알아주지 않고 잘못 처리해서 만든 것이다. 그니의 부모는 딸이 당한 일을 덮어두고 절대로 입에 올리지 못하게 했다. 그냥 덮어두면 시간이 해결해주리라 믿었다. 입에 올리지 않으면 없어질 상처라고 여겼던 것이다. 어린 시절 그니는 부모에게 자신의 느낌을 전할 기회가 없었을 뿐만 아니라, 발설을 막는 부모의 강요 때문에 참혹했던 느낌을 억누르면서 차츰 자신이 당한 일에 대해 어떻게 느껴야 하는지 모르는 상태가 되고 말았다. 창피한 것인지, 죄책감인지, 분노인지 알 수 없게 된 것이다.

누구나 한번쯤 시험지에 이름을 쓰지 않았나, 현관문을 잠그지 않았나, 가스 불을 끄지 않았나 하는 개운치 않은 느낌을 갖곤 한다. 그런데 그니는 자신이 당한 일을 정리하지 못한 채 살아왔기 때문에 계속 그렇게 개운치 않은 느낌으로 살아왔다. 끝까지 읽지 못한 채 열려 있는 책 같은 삶이었다. 책을 다 보고 "다 봤다" 하며 덮어야 하는데 결말을 보지 못했으니 덮을 수가 없었다. 그 미진함이 소변을 다 보고 나오지 않은 것 같은 느낌으로 나타나 자주 화장실을 들락거릴 수밖에 없었던 것이다.

부모는 일을 크게 만들고 싶지 않아 아무 말 하지 않고 쉬쉬하며 덮었을 것이다. 그래야 아이가 자라 사회생활하는 데, 결혼하는 데 문제가 없을 거라 여겼는지도 모른다. 체면이 있으니……

그런데 이는 아이를 영영 피해자로 남게 하는 처사일 뿐이다. 자신이 당한 일을 결론짓고 피해자의 자리에서 벗어날 기회를 빼앗은 것이다. 이 부모만이 아니다. 영어 표현 중에 '벽장 속의 해골(skeleton in the closet)'이라는 것이 있다. 사람마다, 집집마다 벽장 속에 숨겨놓고 드러내지 못하는 비밀이 있다는 뜻이다.

우리 사회는 이런 현상이 더 심하다. 특히 엄마들이 체면 때문에 마음 속에 해골을 숨겨놓고 사는 경우가 많다. 가정 폭력이 있어도 자녀가 결혼할 때까지 이혼하지 않고 체면을 지키려는 엄마들이 아마 이런 심정일 것이다. 속으로는 곪아 터져도 겉으로 평화롭고 행복한 가정으로 포장하고 산다. 무엇을 위해서 그렇게 살아야 하는지 생각해볼 일이다. 아이가 진단도 내릴 수 없는 병으로 아파하며 살게 만드는 것이 부모 된 도리일까? 부모는 거짓을 숨기고 살면서 자녀에게 정직하고 바른 것이 좋다고 말한다면 받아들여질까?

아이가 성도착 문제로 치유가 필요하다는 진단을 받은 엄마가 아이의 장래를 생각하며 치료를 주저했다. 신경정신과 치료 기록이 남는 것이 꺼림칙하고, 번듯한 집안이라는 평판을 잃어서는 안 되기 때문이었다. 하지만 그렇게 덮어두면 아이는 어른이 되어 건강한 성생활을 할 수 없게 된다. 본인뿐만 아니라 배우자가 될 사람까지 불행하게 만들 수 있고, 심하면 성범죄를 저지를 수도 있는 일이라 문제가 심각한데도 외면한다. 어떤 문제가 일어날지 뻔히 예측되는데도 일단 피하고 보자는 무책임한 태도를 우리는 주위에서 많이 본다.

가정 안에서 아버지나 오빠, 삼촌에게 성추행을 당한 아이가 어렵게 이야기를 꺼내도 적합한 대응을 하지 못하는 엄마가 많다. 누가 알까 두려워 덮어두려고만 한다. 그러면 아이는 자신의 처지를 충분히 느끼고, 분노하고, 슬퍼하지 못하게 된다. 미해결 사건이 평생을 좀먹고, 과거가 자신을 좀먹게 두니 비참한 어둠 속에서 살게 된다.

어린 시절 성폭행을 당하고 그 일에 대한 결론을 내리지 못한 아이 중에, 다른 사람에게 잘 보이고 싶어하고 훌륭한 사람이라는 칭송을 듣고 싶어 애쓰는 경우를 자주 본다. 나중에 자신이 당한 일이 알려지더라도 사람들이 "저렇게 참하고, 착한 아이가 그런 일을 당했다니!" 하며 동정하고 자기편이 되어주길 기대해서다. 그리고 "어느 집 딸인지 예의 바르구나!" 하는 말이 아픔과 억울함을 큰 소리로 외치는 것을 방해하며, 어느 정도의 고통은 참는 것이 좋다고 생각하게 만든다. 자신을 귀하다 여기지 않으며 체면 뒤로 숨어버리는 것이다.

어린 시절에 받은 피해를 오히려 자신의 수치로 여기며 살게 되면 어른이 되어도 억울한 처사에 순발력 있게 대응할 수 없다. 고통을 당해도 무감각하든지 혼란스러워한다.

그래도 체면이 그렇게 중요한지 묻고 싶다. 아이의 인생보다 체면이 중요한가? 아이의 삶보다 귀한 체면이란 없다.

다른 사람이 있고,
나도 있다

> 자녀의 반에 문제를 일으키는 아이가 있으면 엄마는 "그 애와 놀지 말라"는 말만 한다. 하지만 우리 아이가 바로 그 문제 아이와 함께 세상을 살아가야 한다는 걸 알아야 한다.

초등학교 6학년 교실에서 섬뜩한 일이 벌어졌다. 쉬는 시간에 한 아이가 종이 자르는 날카로운 칼을 다른 아이의 목에 겨눈 것이다. 목에 칼이 들어온 아이는 놀라 경악했고, 칼을 들이댄 아이도 자신의 행동이 심했다 싶었는지 바로 칼을 떼고 자리를 떠났다. 이는 나와 함께 봉사활동을 하는 한 모람의 딸이 교실에서 당한 일이다.

딸의 이야기를 들은 엄마는 그냥 지나칠 일이 아니라고 생각해 담임선생님에게 그 아이 엄마와 만남을 주선해주길 요청했다. 자신의 딸이 피해자이기 때문만이 아니라, 가해자인 아이도 도움이 필요하다고 여겼기 때문이다. 그리고 그런 일이 또 일어난다면 다른 아이들도 피해를 입을 수 있으니, 지금 해결을 위해 노력하지 않은 우리 모두가 책임질 일이라고 설득했다.

하지만 선생님은 아이들끼리 사과하고 지나가기를 바랐다. 이유는 다루기 어려운 아이이고, 아이의 문제를 엄마와 의논하기도 힘들기 때문이었다. 그동안 선생님의 말을 아이가 왜곡해서 전달하는 바람에 아이 엄마와 선생님 사이에는 소통이 불가능한 상태였다.

아이의 엄마는 자식을 제대로 모르고 있었다. 아이가 학교생활 중 엄마에게 통과될 부분만 들려주고 있었기 때문이다. 하지만 엄마는 아이가 학교생활에 대해 '빼놓지 않고 다 이야기한다'고 착각해왔다. 엄마가 듣고 안심할 것을 이야기하고는 자기 식으로 담임선생님을 평하고 억울해하니, 엄마는 아이 편에서 선생님을 비판하면서 더 이상 일의 진상을 알려 하지 않았던 것이다.

자녀의 말을 믿어주는 것은 중요하다. 그러나 균형을 잃지 말아야 한다. 더욱이 팔은 안으로 굽으니 더 조심해야 한다. 우리 아이들이 현실을 모르고 자기 방식에 멈추면 자폐가 되고 만다. 다른 사람과의 관계 속에서 자신이 존재한다는 것을 어려서부터 익혀가야 한다. 다른 사람들 사이에 매몰되어 자기가 사라져서도 안 되고, 혼자만 사는 무인도에서 살 듯해도 안 된다.

일을 당한 아이의 아버지도 조용히 지나가자고 했다. 딸이 더 큰 피해를 입을까봐 걱정스러웠던 것이다. 그렇게 걱정하는 것도 이해가 된다. 그러나 그 엄마는 상대 엄마를 담임선생님과 함께 만나 아이가 왜 거짓말을 하는지, 왜 칼로 친구의 목을 겨눴는지, 행동 동기를 알아보고 치료가 필요하다면 함께 치료해야 한다고 설득했다. 내 자식, 남의 집 자식 구분할 일이 아님을 알기 때문이다. 서로에게 엄마가 되고 이모가 되는 것이 함께 건강하게 사는 것임을 믿으니까.

자녀의 반에 문제를 일으키는 아이가 있으면 엄마는 "그 애와 놀지 말라"는 말만 한다. 하지만 우리 아이가 바로 그 문제아이와 함께 세상을 살아가야 한다는 걸 알아야 한다.

헉슬리(A. Huxley)의 《멋진 신세계》(1932)는 문명의 발전이 서로 다른 사람들이 각기 다르게 사는 것을 방해하고 있음을 걱정해서 쓴 공상소설이다. 그런데 오늘날 현실이 이 소설이 예언한 대로 되어가고 있다. 똑같은 욕구를 가지고, 똑같이 살아가는 끔찍한 삶을 살아가고 있는 것이다.

심리학 교실에서 행동주의를 공부할 때 이 책을 읽었는데 "남들과 똑같이 그렇게 사는 것이 편하고 좋잖아요"라고 하는 학생들도 있었다. 우리 문화에서는 당연한 일인지 모르겠다. 왜냐하면 컨트리 뮤직을 하는 조니 캐시(Johnny Cash)는 '42가지 초록'을 노래하는데, 우리는 '초록이 동색'이라고 말하고 있으니 말이다.

우리 아이와 함께 살아야 할 다른 아이들이 모두 문제아가 되지 않도록 어른들이 도와야 한다. 문제아로 태어난 아이는 없다. '해리포터'의 악역 볼데모트 경(Lord Voldemort)을 맡은 배우 랄프 파인즈(R. Fiennes)의 말대로 "누구나 악한이 될 가능성이 있다. 악인이 된 것은 어린이 시기에 문제가 있었기 때문"이다.

아이를 문제아가 되지 않고 건강하게 기르기 위한 전제는 함께 살아야 할 아이들이 서로가 다른 사람임을 인정하고, 마음을 알아 공감할 수 있게 되어야 한다(칼을 들이댄 아이가 당한 아이의 마음을 안다면 그런 짓을 하지 않았을 것이다).

마음을 서로 알아주는 능력은 아이와 엄마 사이에서 첫 싹이 튼다. 그 시기는 아이가 두 살에서 세 살 사이에 엄마와 역할을 바꾸는 놀이를 할 수 있게 되면서부터이다. 그때가 되면 아이는 "내가 엄마 할게. 엄마는 나 해" 하며 역할극을 제안한다. 서로의 입장을 바꾸어보는 데 관심이 있고, 또 상대의 마음을 볼 줄 아는 능력이 생긴다. 이때 엄마가 바쁘다면서 마음을 알아주는 중요한 발달단계를 무시했다면, 아이는 공감하는 능력을 개발할 기회를 놓치고 만다.

엄마와 서로 다르다는 것을 순조롭게 익힌 아이는 다른 아이들과도 서로 다른 점을 인정하고 이해하며 지낼 수 있다. 나이를 먹어가면서 이해의 폭을 넓히고, 순조롭게 자기표현을 하고, 다른 사람과 소통하며 살게 된다. 기뻐하는 사람과 기쁨을 나누고, 고통당하는 사람의 고통을 함께하는 사람이 된다.

나와 똑같은 사람은 없는데, 자녀가 나와 같을 것이라고 믿고, 아니면 같아지라고 억지를 부리면 아이는 엄마와 같은 척할 수밖에 없다. '척하게 만드는 것'은 아이를 거짓으로 살게 하는 것이고, 대단히 괴롭히는 짓이다. 자기답게 자연스럽게 살 수 없는 아이는 문제아의 길을 피할 수 없으니, 그 아이 역시 피해자인 셈이다. 이렇게 피해자가 된 문제아를 제대로 이해하고 도와주려면, 먼저 그 아이가 나와 다르다는 것을 잊지 말아야 한다. 다시 강조하지만 처음부터 문제아로 태어난 아이는 없다.

어른스러운
아이가 좋다?

어린이는 단순히 어른의 축소판이 아니기 때문에, 그 자체로 소중한 존재로 지켜져야 한다. 그런데 우리는 그렇게 생각하지 않고 아이답지 않은 어른스러운 아이가 되도록 강요한다. 자녀가 어른스럽다고 기특해 하지 말고, 아이다운 표현에 귀 기울여주어야 한다.

  우리 문화에서는 아이를 칭찬하면서 대견하다는 듯이 "그 아이는 참 점잖다"라고 하곤 한다. 아이에게 '젊지 않다'고 하는 악담을 악담인 줄 모르고 하는 것이다.
  UN이 정한 어린이 해에 우리나라 어린이 개념을 되짚어보는 글을 쓰고 발표한 적이 있었다. 우리는 이 세상에 태어난 목적이 마치 어른이 되어 활동하기 위해서라고 믿고 있는 것 같다. 어린이 시절이 따로 가치가 있고 소중하다고 여기지 않고, 어른이 되기 전에 거쳐가는 과정쯤으로 보는 것이다. 자녀에게 철없는 아이처럼 굴지 말라고 야단치고, 어른이 되기를 기다리는 마음으로 아이를 바라본다. 갓난아기를 안고 벌써 "너는 앞으로 뭐 하며 살 거니"라며 걱정하는 것이 우리들 모습이다. 어른이 되기 전에 모자란 상태 정도로 어린이를 보아온 것이 우리 문화였기 때문에, 훌륭한 사람을 그릴 때는 어린 시절부터 이미 아이답지 않고 어른 비슷한 행동을 했다고 표현한다. 앞 못 보는 아버지의 눈동자(睛) 노릇을 어려서부터 해야 했던 효녀 심청은, 열여섯 나이에 인당수에 몸을 던지는 어른도 못할 어른 같은 짓을 해서 아직도 기림을 받는 것이다. 옛글에도 훌륭한 이를 묘사할 때는 "그는 태어날 때 이미 이빨이 입에 그득했다"고 하거나 "그는 어려서부터 장사였다"고 했다.

그래서 엄마들은 될 수 있는 한 빨리 서둘러 어른으로서 필요할 것을 자녀에게 미리 준비시키려 든다. 그것이 바로 조기교육이다. 한창 놀아야 할 때인 유아기부터 대학 갈 준비를 시킨다. 어른과는 전혀 다른 아이의 특징이 있고, 그 특징을 살리면서 어린 시절을 행복하게 살 수 있도록 돕는 것이, 어른이 해야 할 일이라는 개념이 우리 마음에는 아예 없다.

이렇게 자란 요즘 아이들은 마음의 병이 들어 얼마나 괴로워하는지 모른다. 우리 아이들이 다 심청이고 한석봉이 아니라는 것을 어른들이 간과하고 있다. 우리 전통에서 그리는 훌륭한 인물의 특징을 현실에 사는 우리 아이에게서 찾을 수 없는데 말이다. 부모를 위해 물에 빠져 죽는 것이 아이다운 욕구가 아니다. 글쓰기 공부를 접고 싶을 만큼 어머니 품을 그리워하는 것이 오히려 아이에게는 자연스러운 것이다. 자녀가 필요로 하는 것을 엄마가 알아줘야 하는데 어른 중심의 생각으로 오히려 엄마가 원하는 것을 아이에게 기대한다.

아이도 죽음에 대해 나름으로 생각하는 것이 있다. 그래서 죽어서 착한 사람은 천당에 가고, 나쁜 사람은 지옥에 간다고 말하기도 한다. 그런데 기막힌 일은 어떤 사람이 착한 사람이냐고 물으면 "엄마 말 잘 듣고, 공부 잘하는 사람"이란다. 현대판 심청과 한석봉이 또 등장한 것이다. 왜 그럴까?

우리는 아이가 어른처럼 철이 들면 아이에게도 좋은 것이라고 억지를 부린다. 그러나 그건 어른들의 잘못된 생각이다. 더욱 안타까운 건 아이에게서 아이다운 모습을 볼 수 있는 눈을 갖추지 못하고, 덜컥 엄마가 된다는 사실이다. 그래서 아이가 왜 한숨짓는지, 그 소리의 근원을 알아채지 못한 채 무심하게 지나친다. 아이의 울음소리에 귀를 막고, 절규하는 마음을 알아주지 못한다. 그러고도 아이를 진정으로 사랑한다고 자부한다. 이렇게 무심한 관계, 이건 분명 자연스러운 엄마와 자녀 사이가 아니다.

사람이라면 보노보 원숭이보다 나아야 하지 않을까? 다른 동료 원숭이에게 먹이가 주어지지 않으면, 보노보 원숭이는 자기 앞에 주어진 먹이에 손도 대지 않는다. 아무리 자기가 좋아하는 먹이일지라도, 다른 동료에게도 주어졌을 때 비로소 자기 것을 먹는다.

아이는 엄마와 처음으로 나 아닌 상대의 마음을 알아주는 것을 체험하고 익히며, 그런 마음의 영역을 다른 사람과도 주고받으며 발달시켜가게 된다. 아동 연구가들이 알아낸 바에 따르면 두세 살의 어린 나이의 아이에게 이미 엄마를 향한 자신의 느낌을 알고, 엄마가 자신에 대해 어떻게 느끼는지 아는 능력이 생긴다고 한다. 그런데 엄마가 어른의 굳은 마음으로 서로 확인하는(cross-identification) 자녀의 예리한 능력을 무시하면, 이 능력은 사라지게 된다.

아이 때 편안하게 자신을 느끼면서 다른 사람을 부담스럽지 않게 알아가고, 서로에 대해 호감을 가질 기회가 없다는 것이 인생에 있어 얼마나 치명적인 결핍이 되는지 모른다. 상담실에서 만난 많은 니가 함께 사는 배우자를 이해하지 못해서 답답해하는데, 그 원인도 바로 서로 알아주는 뇌의 영역이 발달하지 못하고 퇴화한 탓이다. 아이의 문제를 몰라서 답답한 엄마, 직장에서 상사나 동료들과 소통하지 못하는 사람, 모두 서로 알아주는 기능을 잃었기 때문이다.

어른이 뭔데 아이를 마음대로 다루어도 된다고 여기는지 반성해야 한다. '아이가 아이 같지 않으면 희망이 없다'는 것을 절실하게 믿어야 한다. 신통한 말로 어른을 기분 좋게 해준다고 기특해하지 말고, 아이다운 표현에 귀 기울이면 좋겠다. 그러면 아이는 어른의 무리한 요구에 응하려고 전전긍긍하지 않아도 되는 편안한 어린 시절을 즐길 수 있게 되고, 다른 이도 있는 그대로 알아주는 사람이 된다. 다른 사람을 소외시키지 않으면, 왕따도 없어지고, 자살도 없어지는 착한 세상이 될 것이다.

엄마의 실망하는 표정을 보는 것이
아이에게 체벌이나 언어폭력보다 덜 두려울 것 같은가?
경직된 엄마의 기준에 어긋났을 때 엄마가 보이는 작은 반응도
아이에게는 굉장한 위력으로 다가온다. 그래서 아이는
엄마의 기준에 맞추려 애쓰고, 눈치보고, 안간힘 쓰고 있다.

4
어린 시절을 되돌아보다

우리 속담에 '세 살 버릇 여든까지 간다'라는 말이 있다. 우리나라는 태어나자마자 한 살로 치기 때문에 얼마 안 있어 훌쩍 세 살이 되는데, 이 속담대로라면 기억하지도 못하는 아기 때 경험이 일생을 좌우한다는 말이다. 어린 시절의 경험이 얼마나 중요한 것인지를 정신분석가 프로이드가 말하기 전에 우리 선조들이 벌써 터득했나 보다.
  어른이 되어 하는 행동의 뿌리는 어린 시절에 있다. 뿌리가 땅 속 깊이 숨어 있어서 겉으로는 보이지 않아도, 나무의 나이테를 더해가며 자라게 하고 열매 맺게 만드는 것이다. 어떤 열매를 맺고 얼마나 건강하게 살아가는지는 뿌리의 건강함에 달렸다. 엄마 노릇도 어린 시절의 경험과 관련이 크다. 어머니가 자신을 어떤 마음으로 길러주셨는가 하는 것이, 오늘의 엄마 노릇으로 나타난다. 자연스러운 순환과 반복이다. 어린 시절 사랑으로 보살펴주고, 느낌과 마음을 잘 알아주고 원하는 바를 적합하게 응해주는 어머니 품에서 자랐다면,

엄마가 되어서 아이의 마음을 놓치지 않고 읽을 줄 안다.

아이는 자신을 알아주는 어른이 있으면 자기표현을 잘하게 되어 있다. 그래서 엄마와 자녀 사이에 서로 오해가 없다. 이런 순조로운 관계를 우리 모두 바란다. 그러나 '포함'의 행동 단위나, 보이지 않는 마음과 느낌을 무시하는 우리 사회의 습속이 순조로운 관계를 방해했다.

우리는 어린 시절에 무슨 문제가 있었는지 대부분 모르고 지내왔다. 그리고 문제가 있었더라도 잊어버리고 싶어하는 마음 때문에 기억하지 못한다. 느낌을 말로 표현할 수 없을 정도로 어린 시절의 경험은 머리에 입력할 표현 도구가 없기도 하다. 특히 부모에게 받은 아픔이 있다면, 그 모두를 기억하며 생존하기는 힘들기 때문에 자녀는 부모를 용서할 수밖에 없다. "남들은 더 어려운 일이 있었어"라든가, "그래도 나를 키워주셨어"라며 고마워하도록 스스로를 타이른다.

겉보기에 평범하게 잘 자란 것 같은데, 면면히 들여다보면 아픈 속사정이 없는 사람이 없다. 그냥 혼자 꿀꺽 참고 "그런대로 한 세상 지내시구려" 하며 옛 노랫가락을 교훈 삼아 사는 것이다.

아픈 기억과 함께 느낌을 묻어둔 사람은 자신의 느낌을 모른다. 왠지 공허하다거나, 왠지 화가 나고, 왠지 남들이 뒤에서 뭐라 한다고 생각하며 믿을 수 없고, 개운하지 않을 뿐이다. 엄마가 되어서도 자신의 느낌이 확실하지 않으니, 자식을 대할 때 스스로를 믿을 수 없어 다른 엄마들 하는 대로 따라한다. 느낌 없이 통계치와 같게 아이를 길러내는 것이다. 다들 그러니 괜찮은 줄 안다. 그러나 괜찮지 않다. 사람은 몸만 있는 로봇이 아니라, 자기만의 느낌, 마음, 생각이 있는 존재이기 때문이다. 엄마라면 자녀의 몸만 튼튼히 키우는 것이 아니라, 마음도 건강하게 자라도록 도와야 하지 않겠는가.

  이 장에서는 자녀를 아프지 않고 건강하게 기르기 위해, 내 느낌을 상실하게 된 근원지인 어린 시절을 돌아보고자 한다. 어린 시절로 돌아가 그때 상실했던 느낌을 되찾아온다면, 내 아이가 내는 작은 느낌의 소리도 들을 수 있게 될 것이다.

어린 날의 상처
치유하기

> 엄마가 어떤 마음으로 자녀를 길렀는가가 아이에게 지울 수 없는 흔적으로 남는다. 아이는 그 흔적을 따라 인생살이의 목표나 자세를 찾아간다.

요즘 심리학 교실에 백일 지난 아기를 안고 오는 엄마가 두 명 있다. 아기에게 젖을 물리고 엄마는 열심히 자기 생각을 말한다. 그럴 때면 아기는 젖을 문 채 이야기하는 엄마를 열심히 쳐다본다. 진지하게 이야기하는 엄마의 얼굴을 보는 아기의 얼굴도 아주 진지하다. 엄마의 말을 다 알아듣지는 못해도 심각한 이야기, 중요한 이야기라는 것을 알고 있는 것이다. 엄마의 표정, 말하는 태도, 몸짓, 목소리의 높낮이와 부드러움의 정도가 모두 아기에게 큰 영향을 준다.

상담실을 찾은 이 중 어머니에게 사랑받고 자랐음에도 불구하고, 어머니가 모르고 저지른 행동 때문에 상처 받은 사람이 많다. 몸에 생긴 상처는 시간이 흐르면 아문다. 흉터가 남았으면 "아, 이건 그때 생긴 상처인데, 아직까지 흉터가 남아 있지만 아프지는 않구나" 하고 알 수 있다. 그러나 마음의 상처는 보이는 흉터로 남는 것이 아니라, 상처가 난 줄도 모르고 지낸다. 그러다 보면 마음의 약도 바르지 않고 치유자를 만나지도 못한 채 지나치고 만다. 마음의 상처는 잘 낫지 않고 아물지도 않아 건드리면 계속 아픈 채로 남아 있다.

어른들은 자기가 던진 말이 자녀에게 상처를 준 것도 모르고 지나친다. 아이 마음속에서 피가 줄줄 흐르는 것을 모른다. 나중에라도 "엄마 그때 나 아주 아팠어요"라고 하면 "그래, 이제 와서 어쩌라고" 하며 오히려 역정을 낸다. 그러니 아예 입을 다물고 말 수밖에.

상처를 받아 아프기만 한 것이 아니라, 때로는 어머니가 가르치고 살아온 방식 때문에 고통을 받기도 한다. 그리고 자신 역시 그 방식에서 벗어나지 못하고 살아간다며 속상해한다. 한 니는 어린 시절 싫어하는 사람 앞에서도 친절하게 대하고 돌아서서 흉을 보는 엄마의 모습을 보며 그게 그렇게 이상하고 싫었는데, 어른이 된 지금 본인도 그런 모습이라 괴롭다고 고백했다. 엄마의 이중적인 모습에서 자신의 느낌과 생각을 솔직하게 표현하면 안 된다고 배운 것이다. 그래서 안팎이 같은 일관된 마음을 갖기 어렵고 혼란스럽다.

공부를 잘해야 성공한다고 세뇌하는 엄마가 많다. 성공해서 돈을 많이 벌어야 자격을 갖추어 다른 사람에게 인정받고 힘을 가질 수 있다고, 아이들에게 가르치는 것이다. 돈이 있으면 뭐든 할 수 있다고, 돈을 움켜쥐라고 한다. 그래서 돈 없는 사람을 무시하게 만든다.

어떤 니가 "공부 안 하면 쓰레기 치우는 사람이 된다"는 말을 듣고 자라, 자신 역시 아이들에게 그렇게 가르친다고 떳떳하게 말하는 모습을 보았다. 쓰레기 치우는 사람이 얼마나 귀한 일을 하는지 모르고 잘못 가르치고 있는 것이다. 마음을 모르는 장님이 자녀를 이끈다면 어디로 향하게 될까?

부모가 겨우 생존하는 것에 목표를 두고 온 뜻과 정성을 쏟으면, 아이들도 겨우 살아남는 것에 야망을 두게 된다. 이 세상에 태어난 뜻이 겨우 '살아남기'가 되어야 하겠는가.

엄마가 무엇을 걱정하는지 자녀는 잘 안다. 아이들과 이야기를 나누다 보면 그들이 엄마의 마음을 얼마나 정확하게 꿰뚫고 있는지 깜짝 놀라곤 한다. 그도 그럴 것이 아이는 태어나서부터 지금까지 부모의 의도를 정확하게 파악하기 위해 눈치 보고 귀를 쫑긋 세우고 살았으니 당연하다. 자녀가 엄마의 마음을 간파해서 "결국 돈 얘기하는 거 아니야"라 한다. "친구들과 사이좋게 지내라"는 말을 듣고도 "걔와 경쟁해야 하잖아"라고 말한다. "선생님을 존경하라"는 엄마의 당부에 "알았어. 선생님한테 잘 보일게" 대답한다. 아이들의 눈이 너무 정확해서 부끄럽고 마음이 아플 지경이다.

지금 내가 어린 시절 엄마에게 받은 상처와 고통을 고스란히 아이에게 대물림하고 있지 않은지 돌아보기 바란다.

어떻게 해야 내가
엄마 마음에 들까요

잔소리가 아이에게 효과가 없다는 걸 알면서도 별 수 없이 한다. 잔소리란, 자녀의 남다른 특성을 보지 않는 엄마, 아니 볼 줄 모르는 엄마가 눈에 보이는 것을 해내라고 재촉하는 마음에서 나오는 것이다.

잔소리가 얼마나 힘이 없는지 엄마들은 잘 안다. 그런 줄 알면서도 할 수밖에 없다고 한다. 초등학생 아들딸이 있는 젊은 엄마가 매일 반복하는 잔소리 없이 아이들과 잘 지내고 싶은데, 마음대로 되지 않아 답답하다고 하소연한다. 여기저기서 들은 이야기나 책을 봐도, 같은 말을 두 번하면 벌써 듣기 싫은 잔소리가 되고, 교육 효과가 전혀 없다고 하니 걱정이란다. 그래서 '절대 잔소리하지 말아야지' 하고 매일 결심하지만, 또다시 아이들에게 잔소리를 늘어놓는 자신이 너무나 한심하다고 한다. 아마도 이 엄마만이 아닐 듯하다.

긴 이야기 끝에 그 엄마의 잔소리가 친정어머니의 말 습관과 연관이 있다는 걸 알게 되었다. 어머니가 다른 사람들에게 딸인 자신의 이야기를 할 때면 늘 깎아내려서 속상했단다. 자식 자랑을 하면 몇 가지 바보 가운데 하나라고 여긴 우리 문화의 습속 탓이다. 그러나 어린 시절 그 엄마는 어머니가 자신을 흡족해하지 않는다고 받아들여 '내가 뭘 해도 엄마는 잘했다고 한 적이 없어'라고 생각했다.

어머니에게 신임을 받지 못하니, 커가면서도 스스로를 믿지 못하게 되었다. 그 결과 다른 사람을 평가할 때도 누구나 '기본'은 해야 한다는 점에만 민감해졌다. 아, 이 '기본'이라는 말이 얼마나 우리를 숨 막히게 하는 것인가! 우리는 흔히 누구나 사람이라면 어느 정도는 해내야 하는 '기본'이 있다고 말한다. 그래서 기본을 지키기 위해 숙제, 공부, 몸 청결, 정리 정돈, 규칙 지키기, 친구들과 다투지 않기 등등 해야 할 '일' 중심으로 자녀에게 강요한다.

그 엄마의 맏이는 그 방침에 따라 일(공부) 중심의 아이로 자랐다. 당연히 그렇게 단련될 때까지 엄마의 잔소리는 쉬지 않았다. 그것은 친정어머니가 딸을 두고 못마땅한 표현만 하셨던 것과 일맥상통한다. 어머니가 딸을 믿지 않았듯이, 자신도 아이를 믿지 못하는 엄마로 대를 이어 살게 된 것이다.

그 결과 첫째 아이는 도리 없이 엄마 말대로 '해야 할 일 중심'의 아이로 자랐다. 그러나 둘째는 첫째의 재미없는 모습을 따르고 싶어 하지 않았다. 엄마에게 알아서 할 테니 잔소리하지 말아달라고 요구했다. 어른들 틈에서 힘없는 존재로 어른의 기준에 순종할 수밖에 없었던 첫째와는 달리, 기준이 느슨해진 덕에 다른 짓 할 여지가 있었던 것이다. 그래도 엄마는 자녀에 대한 믿음이 없어 둘째에게도 자꾸 쓸모없는 잔소리를 했다. 둘째 아이는 귀를 닫고 별 영향을 받지 않는 모양이다. 그러나 사춘기를 맞은 첫째 아이가 요즘 엄마의 잔소리에 반항해 괴롭단다.

큰아이는 자신의 기준에는 잘한 시험 점수도 엄마의 기준에 미달되어 매를 맞곤 했다. 그러나 훗날 같은 상황에서 동생이 별 야단을 맞지 않는 것을 보고는, 동생을 향해 질투심을 갖게 되었다. 그 뒤 첫째 아이는 엄마가 동생을 어떻게 대하는지에 촉각을 곤두 세울 수밖에 없었고, 당연히 동생과의 관계도 좋지 않았다. 결국 형제들 사이의 우애까지 엄마가 방해한 셈이다. 엄마가 자녀 각각과의 관계에 치우치게 되면, 형제 사이의 관계를 보살필 겨를이 없어 문제가 발생한다.

자녀의 사정을 못 보고 엄마 자신의 입장에서만 이야기하는 것이 잔소리이다. 그래서 엄마가 잔소리를 할 때는 아이와 함께 마주보고 있어도, 엄마 혼자 떠드는 공허한 외침이 될 수밖에 없다. 아이의 방식을 인정하고 믿어주면 엄마의 방식을 고집하지 않아도 된다. 잔소리하지 않아도 되고, 잔소리 듣지 않아도 되는 엄마와 자녀의 관계를 즐길 수 있다.

엄마의 "이래라 저래라" 하는 지시에 따라 자녀가 경직되어 의무감만 안고 재미없게 살지 않게 해야 한다. 그래야 엄마 자신의 느낌이 살아나고, 아이에게 생동감 있는 느낌을 살려줄 수 있다. 그야말로 '즐거운 나의 집'으로 바뀌게 된다.

엄마의 위성으로
살아가는 딸

친정어머니의 위성으로 살아온 딸은 결혼을 해도, 엄마가 되어도 마음의 주인이 되지 못하고 어머니를 위한 삶을 산다. 어머니가 건강하지 않을수록 딸은 효녀이고, 효녀일수록 어머니를 놓지 못하고 살고 있다.

목숨 바쳐 부모를 섬기는 심청과 같은 자식을 칭송하는 것이 우리 효의 정서이다. 물론 심청같이는 못하더라도 어머니의 희생에 감사하는 마음으로 사는 것이 자식 된 도리라 여긴다. 특히, 여지는 자식을 낳고 나면 어머니에 대해 감사한 마음이 더욱 절실해진다. 나도 미국 유학 가서 아이를 낳고는 어머니에게 긴 편지를 썼던 기억이 떠오른다. 그런데 마냥 감사만 하고 있을 수 없다. 왜냐하면 어머니의 희생이 한편으로는 부담스러운 것이 사실이기 때문이다.

상담 현장에서 이야기를 들을 때, 개인의 삶의 역사를 알기 위해 예외 없이 지난날의 일이 많이 거론된다. 지나간 일과 오늘의 일이 관련이 있고, 어제의 일이 원인이 되어 오늘의 문제가 생길 수 있다. 이를 '인과관계'라고 한다. 예를 들어 시집과의 문제로 남편과 사이가 벌어졌다는 니와 상담하다 보면, 시댁을 바라보는 관점이나 태도는 결혼 전에 이미 가지고 있었던 생각에서 비롯된다는 걸 발견한다. 특히, 친정어머니가 가진 생각을 어떻게 받아들여 자기 것으로 만들었는가에 따라 달라진다. 이럴 땐 부인과 남편의 대결이 아니라, 친정 대 시집의 대결 구도가 되는 것이다.

부인은 남편을 향해 불만 섞인 목소리로 "당신은 마마보이야" 하곤 한다. 그러나 자신 역시 친정어머니에게서 벗어나지 못하고 돌고 있는 '엄마의 위성'이라는 것은 까맣게 모르고 있다. 친정어머니의 안경을 쓰고 남편을 보고 시댁을 보고 있는 것이다. 물론 의식하고 일부러 그러는 게 아니다. 지금까지 어머니의 영역 안에서 살아오면서 생존을 위해 습득한 방식일 뿐이다.

상담을 하며 '느낌'에 대한 개념이 생기기 전에는, 내가 "당신 남편은 좋은 사람이고, 시어머니도 좋은 분 같다"고 하면 부인들은 너무 억울해한다. 하지만 오랜 기간을 두고 상담을 거치며, 친정에서 굳어진 삶의 뿌리가 자신 안에 똬리를 틀고 있음을 알아가게 되면 '내가 지금까지 친정어머니의 눈으로 세상을 보아왔구나' 하고 깨닫는다. 남편과 시집의 삶을 자신의 눈을 가지고 보게 되고 나면 "선생님이 왜 남편을 좋은 사람이라고 했는지 알겠어요" 하며, '친정어머니보다 더 편한 시어머니'와의 관계를 즐기게도 된다. 친정어머니의 올무에서 벗어나 성숙한 여성이 되어가는 길 위에 서는 것이다.

우리에게 어머니는 감사한 존재인 동시에 절대적 존재일 수밖에 없다. 갓난아이의 생존은 엄마의 손에 달려 있고, 그 아기가 성인이 되어 독립하기 전까지 엄마의 보살핌 속에 자라야 하기 때문이다. 그래서 엄마가 어떤 마음으로 양육했는가에 따라 아이 삶의 가치관이 달라진다. 그 가치관은 아이가 살아가는 동안 정정할 기회가 생기지 않는다면 평생 안고 갈 틀이 된다.

맏이로 태어난 딸은 엄마의 대변인이 되고, 나름대로 엄마를 짊어지고 살려는 삶의 가치관을 갖기 마련이다. 엄마 품에 있을 때는 엄마의 혀가 되어 동생을 대신 다스리고, 엄마의 마음을 기쁘게 해줄 궁리를 한다. 엄마를 위해 적금을 붓고 여행 경비를 마련해 감격시킨다. 주위에서 착하고 효성스러운 딸이라는 칭찬을 하고, 엄마에게도 좋은 딸이라는 평가를 받는다.

하지만 성인이 되어 특히 결혼을 한 후에도 계속 친정만을 위해 살 수 없는 것이 현실이다. 이렇게 자신의 가치관과 현실의 괴리 때문에 생긴 부작용으로 시집의 기대를 삐딱한 시선으로 바라보게 되는 것이다.

친정어머니가 고부간의 관계에 어려움이 있었던 경우, 딸은 더욱 힘들어진다. 물론 고부간에 크고 작은 문제는 어느 가정에나 있다. 그런데 우리 어머니들은 그 문제를 딸에게 여과 없이 이야기하고, 심지어 '시'자 들어간 관계는 다 나쁘다는 인식까지 심어준다. 그 결과 딸은 결혼해서 '시집'과 어떤 관계를 맺어보기도 전에 이미 악감정으로 무장하고 시작하게 된다. 그러면 좋은 관계도 나빠질 수밖에 없다.

어디 시집 문제뿐이겠는가? 자녀를 대하는 태도, 경제관념, 가족관, 공공 의식, 시민 의식, 도덕성, 이성관, 인간관, 신앙생활 등 모든 것을 자신이 주체적으로 주도하는 자신감을 가져볼 틈이 없었다. 어머니가 언제나 잔소리를 했다는 딸은, 결혼 후 아이 엄마가 되어서도 그 잔소리가 머릿속에서 끊이지 않고 녹음 테이프처럼 돌아간다고 고백했다. 자기 생각대로 하려다가도 머릿속에서 재생되는 어머니의 목소리가 멈칫하게 만든다는 것이다.

언제까지 머릿속에 녹음된 어머니의 목소리를 재생시키며, 어머니의 시각으로 세상을 바라보며 살 것인가? 이제 내 목소리로, 내 시각으로, 내 자녀를 키워야 한다.

원래부터 그런 아이는 없다

처음부터 엄마가 만들어놓은 기준에 맞게 태어난 아이는 없다. 엄마의 보살핌에 의존할 수밖에 없는 힘없는 아이는, 살아남기 위해 엄마의 기준에 맞추려 안간힘을 쓰고 있는 것이다. 그러니 아이가 태어날 때부터 '어떠했다'는 말은 맞지 않다. 부모가 '어떻게 키웠다'가 맞는 것이다.

어떤 엄마는 "우리 아이는 원래 성격이 소극적이었요"라고 걱정스럽게 이야기한다. 하지만 정말 소극적으로 태어난 아이와 적극적으로 태어난 아이가 따로 있을까? 엄마의 눈길 아래에서 자녀가 숨도 제대로 못 쉬고 있는 것을 엄마 자신만 모르고 있는 것은 아닐까?

엄마들이 많이 하는 말 가운데 '이 정도는 기본'이라는 것이 있다. 그런데 이 기본이라는 말이 무섭다. 공부나 생활 태도 등 각 엄마마다 나름의 기준을 정해놓기 마련인데, 이 기준에 이르지 못했을 때 아이는 가차 없이 정죄 받고, 기본도 못하는 아이로 낙인찍히게 된다. 그리고 당장 생사화복에 지장을 경험하게 된다. 엄마의 실망하는 표정을 보는 것이 아이에게 매질이나 언어폭력보다 덜 두려울 것 같은가? 아니다. 경직된 엄마의 기준에 어긋났을 때 엄마가 보이는 작은 반응도 아이에게는 굉장한 위력으로 다가온다.

그래서 아이는 엄마의 기준에 맞추려 애를 쓰고, 눈치를 보고 소극적이 되는 것일 뿐이다.

어떤 아이도 처음부터 어른들이 만들어놓은 기준에 맞도록 태어나지는 않았다. 그저 아주 작은 몸으로 어른의 보살핌에 완전히 의존할 수밖에 없는 힘없는 존재로 태어날 뿐이다. 그래서 아이는 살아남기 위해 엄마의 기준에 맞추려고 안간힘을 쓰고 있는 것이다. 그러니 아이가 태어날 때부터 '어떠했다'는 말은 맞지 않다. 부모가 '어떻게 키웠다'가 맞는 말이다. 자신이 만든 기준을 철저하게 고수하는 엄마들은 자녀가 그 기준에서 벗어나거나 혹은 몰래 기준을 어기는 행동을 한 경우, 큰 배신이라도 당한 듯 행동한다.

조신하게 기른 대학생 딸의 가방에서 담배를 발견하고 상담소를 찾은 한 엄마는 "내가 자식을 그렇게 키우지 않았는데, 애가 어쩌다 이렇게 되었는지 모르겠다. 앞으로 결혼은 어떻게 하느냐"며 하늘이 무너지고 인생이 끝난 것처럼 슬퍼했다. 엄마 입장에서 딸아이가 담배를 피우는 것이 못마땅한 것은 당연하다. 하지만 문제는 담배 피우는 여자는 무조건 행실이 나쁜 여자, 문란한 생활을 하는 여자, 결혼할 수 없는 여자라고 엄마 스스로 만들어놓은 '기본' 틀에 아이를 맞추는 것이다.

자녀가 담배를 피울 수밖에 없었던 이유가 있었을 것이다. 취업 때문에 고민이 많아서, 혹은 그 또래 친구들의 문화에서 어울리다 보니……. 하지만 엄마는 둘도 없는 딸의 이야기를 듣고 마음을 알아주려는 생각보다 자신의 기준에 지금까지 잘 부응해준 줄 알았던 딸에게 느낀 배신감에 막막해했다.

아이가 살아갈 세상이 어떻게 전개될지 실제로 알지도 못하면서, 어른들은 먼저 살아봤다는 이유로, 부모라는 이유로 자신이 알고 믿는 대로 아이를 몰고 가려 한다. 아이들이 자신의 생각을 갖출 엄두도 못 내고 엄마가 몰아가는 대로 달려가게 만드는 것은 참으로 큰 잘못이다. 아이 스스로 자신의 앞길을 준비하도록 도와주는 게 어른들이 취해야 할 자세인데 말이다. 어떻게 앉고 서고, 어떤 친구를 사귀고, 누구와 사랑하고 결혼하고, 아이를 어떻게 길러야 하는지 일일이 다 엄마가 알려줄 수 없다.

살아가는 길이 오로지 한 길만 있는 것이 아니다. 아이들의 수만큼 삶의 길 역시 다양하다. 아이가 자신만의 길을 자신의 속도로 걸어가며 즐기도록 만들어주어야 한다. 다 각기 나른 속도로 걸으면서 동행하는 사람도 만나고, 다른 식으로 놀고, 생각하고, 일하면서 문제를 풀어가는 친구도 만난다. 서로 다른 것이 나쁜 것이 아니라는 것을 알아야, 서로 다른 것을 즐기며, 존중하고 아낄 수 있다. 각기 다른 사람들이 아끼며 사는 세상에서 사이좋게 놀고 일할 수 있는 것이다. 엄마들이 이렇게도 살 수 있다는 걸 몰라서 '내 자식만 살아남고, 내 가족만 손해 보지 말아야 한다'는 집착에 사로잡혀 있다.

자녀가 '친구들과 사이좋게 지내기'를 진심으로 바라는 엄마는 이제 더 이상 세상에 없는 듯하다. 좋은 말이기 때문에 겉으로는 아이에게 그러라고 시키겠지만 속으로는 '친구에게 절대 지지 말라'는 독기를 뿜어낸다. 그리고 친구에게 절대 지지 않는 아이로 키워내기 위해 어렸을 때부터 영어 유치원에 보내고 여러 학원으로 바쁘게 돌리면서 "열심히 하지 않으려면 그만둬"라고 무서운 얼굴로 고함을 지른다. 엄마들은 '나는 아이에게 큰소리 내는 법이 없어', '나는 아이를 다그치지 않아' 생각하겠지만, 아이 귀에는 엄마의 경직된 목소리 자체가 고함 소리로 들린다. 그리고 대놓고 다그치지 않더라도 성적표를 받아온 아이에게 "너보다 더 잘한 아이가 몇 명이니?", "네 친구 영수보다 더 잘했어?"라고 묻는 것이 다그치는 것이 아니면 무엇일까.

엄마들은 자녀가 어울리는 친구들 사이에서 공부를 얼마나 잘하는지는 궁금하지만, 친구들과 얼마나 잘 어울리며 지내는지는 알고 싶어하지 않는다. 어떤 생각을 하고, 친구들과 사이에서 어떤 문제를 안고 있는지 역시 궁금하지도 않다. 성적이 떨어지면 아이 앞에서 안색을 바꿀 줄만 알았지, 기분이 좋지 않을 때 달라지는 아이의 표정은 눈치 채지도 못한다.

이제 엄마가 만들어놓은 '기본'이라는 기준을 접고, 아이 스스로 자신의 기준을 만들고 갈 길을 만들도록 옆에서 도와주는 게 어떨까? 엄마가 가진 '기본' 기준을 버리면 목소리가 부드러워지고, 아이의 안색이 보이고, 목소리를 듣게 되지 않을까!

나만 아는 아이,
다른 사람 눈치만 보는 아이

> 자녀의 욕구를 즉각적으로 충족시켜줘야 한다고 믿는 엄마가 있는가 하면, 무시하는 엄마도 있다. 그런데 엄마와 자녀 사이에 중요한 것은 서로의 존재를 알고 존중하는 관계를 만드는 것이다.

우리가 사는 세상에는, 자기 마음대로 하려고 하는 사람과 반대로 다른 사람의 눈치만 보는 사람이 양극단에 서 있다. 그리고 누구나 그 양극단 사이 어느 지점에 자리하고 있다. 나는 어느 지점에 있을까?

자기 마음대로 하는 사람은 마음 편할 것 같지만, 다른 사람들의 눈총을 받는다. 반면 다른 사람의 눈치를 보는 사람은 착하다는 말을 듣지만 자기 마음대로 못하니 속상하다. 그래서 그 양편은 속으로 서로를 부러워한다.

내가 생각할 때 양극단으로 치닫는 건 어쨌든 좋은 건 아닌 듯싶다. 두 성격 모두 세상을 살아가는 데 어렵기는 마찬가지니 말이다. 그런데 엄마들이 아이를 키우며 자꾸 양극단으로 몰아가는 것 같아 염려스러울 때가 있다.

자기 마음대로만 하려는 사람은 어린 시절에 큰 소리로 울어젖혀 부모뿐만 아니라 주변 사람들을 모두 손들게 만들었다. 자신의 요구를 들어줘야 떼를 멈췄다. 어려서는 이렇게 울고 떼를 써 자신의 마음대로 하다가, 자라면서 바깥 요인을 자신의 욕구에 맞게 조절할 힘을 길러간다. 아무에게도 틈을 보여주지 않기 위해서 용의주도하게 노력하는 것이다. '내가 이만큼 하니 당신들은 나에게 보상해줘야 한다'는 마음이 늘 있다. 극성으로 공부하고, 해야 할 일은 철저히 해내고, 그렇게 못 해내는 사람을 무시한다. 공부에 관해서 교사나 교수의 인정을 확실히 받는다. 하는 일의 결과가 확실해서 윗사람도 만족한다. 봉사 활동을 해도 맡은 일을 성실하게 잘해내 책임감을 인정받는다.

이런 이들은 다른 사람이 자신의 요구에 흐릿하게 대응하면 못 견뎌한다. 식당이건 백화점이건 그들에게 잘못 걸리면 간단하게 끝나는 법이 없다. 책임자를 부르고 사과를 받고 보상도 톡톡히 받아내서 끝을 본다. 이런 사람은 주위에 잘난 척하는 사람을 두지 못한다는 특성도 있고, 자기를 위해 24시간 대기하는 위성 같은 존재가 되지 않으면 친구로 삼지도 않는다. 자기 구미를 완전히 파악하고 응하는 사람을 원하는 것이다.

이런 사람은 자기가 기대한 대로 되지 않는 것이 있다는 것을 인정하지 못한다. 살다 보면 원하는 대로 모든 일이 이루어지는 것이 아니라는 것을 용납하지 못한다. 살다 보면 열심히 건강을 챙겨도 병이 나기도 하고, 온 마음을 다해 사랑해도 사랑하는 사람이 떠나기도 한다. 아무에게도 책임지울 수 없는 일이 일어나는 것이 세상이다. 그럴 때 그들은 "어떻게 나한테 이런 일이 일어날 수 있어", "하늘이 원망스럽다"라 한다. 내 마음대로 바깥세상을 조절할 수 없다는 것을 받아들일 마음의 자리가 없기 때문이다. 그들은 현실을 모르거나 외면하고, 혼자 힘으로 억지로라도 다 해내려고 무리하고 있다. 그렇게 함께 더불어 살지 못하고, 다른 사람들과 도움을 주고받으며 의지하고 살 줄 모른다. 다른 사람은 안중에도 없으니까. 일에 관해서는 '똑소리' 나게 하지만 인간관계는 빵점이다. 혼자 무인도에서 살 수는 없으니 삶이 힘들어진다.

반대로 자기 뜻을 주장하지 못하고 눈치 보는 사람들은 자기주장할 줄 아는 사람을 마냥 부러워한다. 그렇게 할 수 없게 만들어졌기 때문에 그들같이 하려고 해도 할 수 없다. 이들은 강력한 부모의 제재 밑에서 자랐기 때문에, 자기보다 다른 이들의 말에 귀가 솔깃해진다. 자라면서 부모가 엄격한 신앙을 내세워 아이의 행동을 조절해온 경우도 있고, 세련되게 아이의 뜻을 양보하게 만들었을 수도 있다. 부모의 노고 앞에 미리 아이가 자기주장을 항복하고 말기도 한다.

이렇게 자기 뜻대로만 하려는 자기 비대증과 남의 눈치만 보는 사람의 소심한 성격 모두 어린 시절 부모의 양육 방식의 영향 때문이다. 아이가 말을 배우기 전에는 원하는 것이 있을 때 소리 지르며 우는 것으로 표현한다. 우는 행동으로 효과를 본 아이는 요구 사항이 있을 때마다 이렇게 자기표현을 하며, 욕구를 관철하는 적극성을 키워간다. 반대로 아이의 울음을 못 들은 척하는 어른 곁에서는 우는 방식을 더 이상 쓰지 않게 된다. 그러면 부모는 아이가 순하다고 좋아한다.

아이가 점점 커가면서 원하는 것을 부모가 모두 들어주기 힘든 경우가 분명 있다. 때로는 형편이 안 되어, 때로는 들어주어서는 안 되는 것이기 때문에 등 이유도 다양하다. 이때 원하는 것을 해주지 못하더라도 부모는 아이의 마음을 알아주고 푸근하게 품어주어야 한다. 그런데 당장의 해결을 보기 위해 원하는 것을 무조건 들어주는 부모가 있다. 이런 부모 밑에서 자란 아이는 세상을 자기 마음대로 움직일 수 있다는 생각을 갖게 되는 것이다.

반면 요구를 깡그리 무시한 부모 밑에서 자란 아이는 아주 다른 양상을 보인다. 우는 행동이 묵살되거나 운다고 해서 더 야단맞은 경우, 아이는 자신의 가치를 스스로 무시하게 되고, 요구를 옹호할 힘을 잃게 된다. 표현해도 들어주지 않을 거라고 믿으니 솔직할 수 없다. 정직이 중요하다고 하면서 자녀를 정직하지 못하게 만드는 부모가 되는 것이다.

자녀가 원하는 것, 필요로 하는 것이 무엇인지 알려고 하지 않는 부모가 엄격함만으로 아이에게 정직과 성실을 가르칠 수는 없다. 심리학이나 교육학을 전혀 공부하지 않았지만 내 어머니는 "부모가 너무 엄격하면 아이들이 거짓말한다"고 경고했다. 아이와 합의한 원칙에는 엄격해야 하겠지만, 그 외의 부분에서는 사랑과 너그러움을 보여야 한다.

자녀가 양극단으로 치닫는 불행을 막으려면 요구를 무조건 다 들어주어서도, 깡그리 무시해서도 안 된다. 아이의 뜻을 알아주면서 현실 가능한 것을 알아듣게 가르치고, 익힐 기회를 주어야 한다.

고등학교 진학 문제로 아버지와 갈등이 있었던 중학생이 집에 불을 내 부모, 할머니, 여동생을 죽음으로 내몬 일이 있었다. 자신의 요구가 좌절되더라도 앞으로 풀어갈 길이 있다는 희망이 보이지 않았던 아이가 선택한 일이었다. 이 사건을 보고 어른들은 어린아이가 어떻게 그럴 수 있을까 하고 놀라워한다. 하지만 그 아이가 유난히 비뚤어졌기 때문에 일어난 사건이 아님을 주목해야 한다. 겉으로 표현을 하지 않아서 어른들이 모르고 있을 뿐 '엄마 아빠가 죽었으면 좋겠다'는 마음을 품은 아이들이 놀랍게도 많다.

마음으로 미워한 것은 이미 살인한 것이라고 하지 않았던가? 아이들을 살인자로 만들지 않는 것은 어른들 하기 나름이다.

부모의 싸움은 자녀에게
전쟁과 같은 공포다

> 싸움을 하지 않는 부부가 어디 있겠는가? 그러나 아이들은 자신에게 가장 중요한 부모가 이해할 수 없는 이유로 서로 거칠게 대하는 것을 보면 굉장한 불안과 공포를 느낀다. 그때 받은 상처는 어른이 된 후에도 치유되지 않는다.

엄마들과 함께한 심리학 교실에서 부모의 싸움이 자신에게 미친 영향을 이야기했다. 부모가 아이들 앞에서 싸우지 않은 집이 얼마나 되겠는가? 정도의 차이는 있어도 부모가 싸우는 것을 한 번도 본 적 없는 아이는 아마 없을 것이다. 자녀들을 바깥에 내보내고 싸웠다고 해도 아이가 모르지 않는다. 물론 매일 24시간 싸운 것도 아니고, 1년 365일 싸운 것도 아니고, 어떤 경우 딱 한 번 심하게 싸웠을 수도 있어, 부모는 자신들의 싸움이 아이에게 큰 영향을 주지 않았다고 생각할지 모른다.

부부 싸움을 하다 보면 아이들이 어떻게 느낄까 하는 것을 전혀 염두하지 않고, 거친 말과 폭력이 난무하는 상태가 된다. 치열한 전쟁터가 따로 없다. 어린 시절 그런 부모의 모습을 본 사람들은 수십 년이 흐른 지금에 와서 돌아봐도 당시의 공포와 분노로 뛰는 가슴을 걷잡을 수 없다고 말한다. 뿐만 아니라 자신의 마음을 몰라주는 어른을 만나면 그 가슴앓이가 도진다. 대상은 시어머니일 수도 있고, 직장 상사일 수도 있다. 심지어 상담자에게도 권위를 주고는 두려워하기도 한다. 상담자의 도움이 절실하게 필요하다는 것을 머리로는 알지만, 가슴이 뛰고 아픈 것을 어쩌지 못하는 것이다.

평화로운 가정에서 걱정 없이 자라도 험한 세상을 헤쳐 나가기 힘든데, 자신을 보호해주어야 할 부모가 오히려 불안하게 만드는 장본인이었으니, 누구에게도 도움을 청하지 못했을 것이다. "세상 어디에도 도와줄 사람이 없었다"는 고백이 가슴 아프다. 얼마나 외로웠을까? 아무에게도 도움의 손길을 기대할 수 없었던 어린 시절의 그 아픈 상처 때문에 아직도 아무도 믿지 못하는 어른이 된 것이다.

이런 이들은 겉으로 드러난 상처가 없기 때문에, 능력 있고, 책임을 다하며 성실한 생활을 해내는 것처럼 보인다. 하지만 갈등이 생기면 취약해진다. 그래서 사람들 사이의 갈등을 피하려고만 한다. 예를 들어 회사에서 윗사람과 갈등이 생기면 이를 풀어갈 노력을 하기보다 직장을 옮기는 식으로 회피한다.

또한 상처 받으면서 자란 사람은 자신이 만든 감옥에 스스로를 가둔 채 살아간다. 솔직하게 터놓고 살고 싶은 마음이 굴뚝같아도 아무에게도 솔직할 수 없다. 다른 사람이 자신의 잘못을 지적할 것 같아 잘 보이려고 겉치레 말만 한다. 그런 겉치레는 사람 사이를 끈끈하게 연결하지 못한다는 걸 느끼면서 사람들과의 접촉을 겁내고, 자연히 사람 만나기를 피하게 된다. 사람 사이의 아주 사소한 일을 풀어가는 것이 자연스럽지 않으니까 그냥 참다가 폭발하면 큰 싸움이 되어 관계가 깨지기도 한다.

그런 사람의 갈등 해결법은 '마냥 참는 것'과 '죽기 살기식 막장 대결'로 극과 극을 달린다. 남편과 문제가 생기면 마냥 참아주든가 이혼하는 길밖에 없다는 결론을 내리는 여성의 상태는 양날이 선 칼을 잡은 격이다.

아버지와 어머니가 어쩌면 그렇게 심한 말을 내뱉었는지 아직도 딸의 가슴은 그 말을 기억하며 떨고 있다. 부모는 자녀에게 상할 마음이 있다는 것을 모르고 한 짓이다. 알았더라면 그렇게 하지 않았을 것이다. 그들의 부모 세대도 아이들에게 보살펴야 할 마음이 있다는 것을 미처 몰랐을 것이다. 그렇게 계속 마음 아픈 전쟁을 반복해서는 안 된다.

문제 상황을 언제까지나 피해 도망 다닐 수 없다. 어린 시절 부모의 싸움으로 인한 불안증을 이제라도 해결해야 한다. 그것이 해결되어야만 내 아이를 나와 같은 모습으로 살지 않게 할 수 있다. 지금 내가 몇 살이 되었든 풀어야 한다. 30대, 40대, 50대 상관없다. 내일보다는 오늘이 빠른 것이니 말이다.

'짜증'으로밖에
표현하지 못하는 마음

> 자신의 느낌을 정확하게 표현할 수 없어 답답할 때가 있다. 어려서부터 힘 있는 어른들에게 이해받지 못하고 느낌을 억누르고 살았기 때문이다. 마음을 알아주는 사람에게 순조롭게 표현해 버릇해야 자신의 느낌을 정확하게 알아갈 수 있다.

우리 부부는 거의 매일 일산 호숫가를 걷는다. 어느 날 사람들 틈에서 산책을 즐기며 걷는데, 뒤편에서 댓살 된 아이가 하는 말이 덜컥 마음과 귀에 걸렸다. 작은 아이가 앙증맞은 목소리로 "아이 짜증 나!" 하는 것이다. 그 나이의 아이가 짜증 난다는 말을 어떻게 알게 되었고, 또 쓰게 되었을까 궁금했지만, 뒤돌아서 물을 수는 없었다. 후에 우리 모람들에게 물어보았더니 젊은 엄마들이 그 말을 많이 쓴단다. 아이는 엄마가 어떤 기분일 때 그런 말을 쓰는지 일찌감치 터득하고 따라 쓰는 것이다.

내가 아는 어떤 니가 늘 웃는 낯이면서도 "아이 지겨워"라는 표현을 습관같이 많이 쓰던 것이 생각났다. 당시 그니는 미국에 있는 약혼자와 결혼을 준비하며 한창 재미있을 때였다. 지겨울 것이 전혀 없는 듯 보였는데도 거의 말끝마다 그 말을 접미어처럼 썼다. 어린 시절 어른들의 반복되는 말을 뜻도 모르고 따라하다가 습관이 된 것이 아닐까. 지겹지 않은데도 그런 말을 하면 자신과 그 말을 듣는 사람들의 삶의 재미를 갉아먹지 않을까 걱정이다.

그나저나 엄마들은 왜 짜증이 날까? 감당하기 힘든 느낌, 좋지 않은 느낌이 있는데, 그런 느낌이 왜 생겼는지에 대해서 인과관계가 분명하지 않을 때 짜증이 난다고 하는 것이 아닐까. 그리고 때로는 '종로에서 뺨 맞고 한강에서 눈 흘기는' 식으로 나빠진 기분 풀이를 엉뚱하게 할 때도 "짜증 난다"고 하는 듯싶다. 종로는 힘 있는 사람인 경우가 많다. 아니면 힘 있는 자와 연관된 기억을 불러오는 사람일 경우도 있다. 직장 상사일 수도 있고 시집 식구들이거나 남편일 수도 있다. 힘 있는 사람에게 풀지 못한 마음을 힘없는 사람이 있는 한강에 와서 분풀이하는 것이다. 학교에서 선생님에게 억울한 처벌을 받은 아이가 집에 와서 강아지에게 발길질하는 것 같은 경우다.

우리는 왜 힘 있는 사람에게 자기 마음을 잘 알리지 못하고 참기만 할까? 어려서부터 귀에 못이 박히도록 많이 들어온 말 '참을 인(認)'을 창고 가득이 채워놓고 그것을 '여자의 미덕'이라 여기기 때문이다. 자기 느낌을 정확하게 알고 참을 만한 가치가 있고, 참을 수 있는 것을 참는 경우는 문제가 되지 않는다. 자기 느낌의 정체도 모른 채 억지로 참기만 한다면 문제가 심각하다. 자기 속내를 모르고, 누구에게도 이야기할 수 없고, 외면하고, 묻어둔 미분화된 혼란스러운 마음이 가득 차고 넘쳤을 때 말을 잃고 만다.

어린 시절 넘치는 호기심을 제지당하지 않고 이것저것 물을 수 있었다면, 그리고 그 물음에 늘 대답해주는 어른이 있었더라면 달랐을 것이다. 부모가 자녀의 작은 질문에서부터 큰 의문까지 존중해주었다면 말이다.

아이가 아빠에게 전화해 "머리핀이 예쁜데 노란색을 살까? 빨간색을 살까?" 하고 물었다. 회의 중에 전화를 받은 아빠는 길게 이야기 못한다고 미안해하면서 "빨간 것이 좋지 않겠니"라고 답해줬다. 그런데 아이는 다시 전화해 "두 개 다 사고 싶은데, 그러면 예산을 1,000원 초과하는데 어떻게 하죠?"라고 했다. 아버지는 "두 개 다 사도 된다"고 허락했다. 또다시 "1,000원이 아니라 2,000원인데, 어떡해요"라고 의견을 묻는 전화가 왔다. 아버지는 "그래도 좋다"라며 전화를 끊었다(어느 유대인 부녀의 통화였다). 가진 힘을 권위로 쓰지 않는 아버지라면 자녀들은 이렇게 스스럼없이 이야기할 수 있다.

나를 찾은 한 엄마가 어렸을 때 무서운 아버지 때문에 잔뜩 위축되어 자라면서 '왜 살아야 하는지 답답한 마음'만 생기는 소아 우울증에 걸렸었단다. 어느 날 아버지에게 "아버지는 왜 살아요?"라고 물었다. 순순히 대답을 들었을까?

어린 시절에 고통스러운 경험을 한 니들이 엄마가 되면, 자녀를 대면하며 무엇을 어떻게 느껴야 할지 모른다. 당황스러운 엄마를 향해 해맑은 눈으로 끊임없이 "왜?"를 연발할 때 짜증을 낼 뿐이다. 명확하게 대답을 줄 수 없으니 말이다. 아니, 명확하게 아이의 호기심을 이해할 수도 없으니 안타깝다.

산책 길에 만난 아이도 자신의 느낌을 설명할 길이 없어서 "짜증난다"고 했을 것이다. 이 말을 쓰지 않게 되는 날을 기다린다. 아니 그런 날을 만들어가야 하겠다.

꽃으로도
때리지 말라

> 잘 차려입혀 화려한 곳에 데리고 다니면 자녀가 사랑을 느낄까? 행사 치르듯 외식하고 함께 가족 여행가면 아이가 존중받는다고 여길까? 아이는 양과 크기, 순위로 잴 수 없는 풍성한 마음을 기다린다.

체벌을 금지하는 교육감들의 의지로 학교에서 폭력을 쓰지 못하게 되었다. 교사와 학생이 서로 존중하고 존중받을 수 있으니 얼마나 감사히 반겨야 할 일인가? 좀 늦은 감은 있지만 더 늦기 전에 방침을 바꾸었으니 아이들과 교사, 학부모 모두 쌍수를 들어 환영하리라 생각했다. 그런데 보도를 보면 온통 "문제다"라며 아우성 일변이다. 보도 자료로 수업시간에 자거나, 음악을 듣거나, 딴짓하는 학생들을 보여주는데 놀랐다.

그렇다면 전에는 아이들을 때려가며 수업시간에 공부시켰다는 말인가? 아이들이 체벌을 받아야만 공부한다는 말인가? 동물을 훈련시킬 때도 체벌하지 않아야 사육사와의 관계가 좋아진다고 한다. 하물며 사람을 가르치고, 사람과 사람 사이의 관계를 기르는 교육 현장에서 매를 들어야 하고, 매를 들지 않으면 안 된다고 외치는 것을 어떻게 봐야 할까? 내가 생각하기에는 체벌보다 교사와 학생, 부모와 자녀 사이에 마음을 나누고 믿음을 주고받는 것이 우선인 듯하다.

백화점에 가면 바퀴가 크고 아주 편해 보이는 외국 유모차에 자녀를 앉혀놓고 쇼핑하는 젊은 엄마들을 많이 본다. 음식점에 가면 고급 브랜드 옷을 입힌 자녀를 데리고 외식하는 가족들을 볼 수 있다. 그런데 아이가 그 화려한 곳에서 엄마와 얼마나 마음을 나눌 수 있을까 의문이 든다.

백화점 엘리베이터에서 엄마는 올라가는 층수만을 센다. 자녀와 눈을 맞추고 이야기 나누는 모습을 본 적이 없다. 여러 엄마들이 함께 어울리면 자기들끼리 이야기하느라 아이는 뒷전이다. 식당에서 보이고 들리는 풍경도 아주 살벌하다. 오순도순 가족이 함께하는 식탁의 평화로운 정경을 찾아보기 힘들다. 묵묵히 먹기만 하는 조용한 집도 문제지만, "아, 지겨워"로 시작하는 엄마의 목소리가 꽤나 크게 들리는 집 역시 걱정스럽다. 자녀와 함께하기 위해서라는 명분으로 나왔을 텐데, 엄마의 저녁 준비를 한 번 줄여주는 자리인 듯이 보인다. 때로는 식사 시간이 아주 전쟁터가 되고, 아이가 말을 안 들으면 "넌 집에 가! 다음에 다시 데려오나 봐라" 하며 엄마가 위협하기도 한다. 그런 모습을 볼 때마다 나는 저 엄마도 그런 대우를 받고 자라지 않았나 싶어 안쓰럽다.

아이에게는 화려한 볼거리나 비싼 장난감, 맛있는 음식보다 엄마와 함께 기쁨과 설렘, 포근함, 뿌듯함, 슬픔, 아픔, 감격, 흥분, 그리움, 사랑과 같이 크기나 양으로 잴 수 없는 영역을 함께 나누는 것이 더 중요하다. 초라한 단칸방에서도 이런 느낌을 엄마와 공유할 수 있다면 아이는 '자신이 엄마에게 소중한 존재'라는 걸 느끼게 될 것이다. 이렇게 자신의 가치를 스스로 깨닫게 되는 아이는 다른 사람의 감시나 체벌 없이 스스로 호기심을 채우고 알아가고 싶은 마음에서 공부를 한다. 알고 싶다는 호기심이 없는 아이를 잡아두는 데는 매가 잠시 효과 있을 수 있겠지만, 오래가지 않는다. 진정 효과가 있었다면 좀 더 지속되어야 하지 않았을까?

아이들은 매를 맞아야 공부하고, 어른들은 체벌하는 교사를 '제자를 때려서라도 가르치는 훌륭한 선생님'이라고 칭송한다. 어른이나 아이 모두 매에 중독된 것이다. 매로 다스리는 교사 앞에서 아이는 스스로를 소중하지 않은 존재로 받아들인다.

우리 사회 문화가 양과 크기, 순위로 잴 수 있는 보이는 것을 두고 매달리는 동안에는 경쟁을 멈추지 않을 것이다. 이 세상 누구나 다르고, 그 다름이 존중되는 세상이 되어야 서로 감사하며, 진정 함께 사는 기회를 가질 수 있다. 엄마 자신부터 자신의 남다름을 자랑스럽게 여기고 자녀의 각기 다른 점을 축하하며 즐기게 되면, 경쟁도 사라지고 매도 필요 없다는 것을 느끼게 될 것이다.

모든 엄마들은 '내 아이를 위해 최선을 다한다'고 한다.
하지만 엄마의 입장에서 자녀를 보고, 알고, 생각한 바대로 하고 나서,
최선을 다했다고 해서는 안 된다. 좋은 엄마는 아이가 느끼고,
생각하고, 원하는 것을 알아주고 거기에 맞게 대응해주어야 한다.

5
어린 시절 상처를 치유한 어른 엄마 되기

책을 읽어 공부하고, 외우고, 시험 봐서 자격증을 따거나, 학위를 받는다고 해서 자신의 느낌을 되찾을 수 있는 것이 아니다. 느낌 없이 살았던 날들을 스스로 발굴하여 인정하고, 그날들의 경험과 함께 가졌던 느낌을 다시 살려서 되찾는 길밖에 없다.

　그런데 우리는 왜 자신의 느낌을 묻어두고 모른 채, 무시하고 살아가는 것일까? 그렇게 살고 싶은 사람은 아마도 없을 것이다. 그러나 태어나 어머니 품에 안긴 순간부터 어머니에게 '포함'된 존재로 분리되지 못했기 때문에 그렇게 살아왔다. 그리고 그 어머니가 우리를 습속의 틀 안에 두고 길러주셨기 때문이다. 이렇게 기억조차 할 수 없는 먼 옛날 스스로 결정할 기회도 없이 어머니가 그리고 사회의 습속이 우리의 느낌을 주름잡아왔던 것이다. 자신의 느낌이 따로 있다는 것을 알아챌 겨를도 없었고, 그 느낌을 표현할 방법도, 기회도 주어지지 않았다. 그래서 자신만의 느낌을 따로 가질 수 없었던 것이다.

그동안 우리는 어머니를 통해 받아들인 것을 원래 내가 가지고 있었던 것으로 믿어 착각하고 있었다. 공부 잘해서, 좋은 대학 나와서, 좋은 남자 만나 결혼하는 것이 인생의 목표라고 듣고 배워, 그것이 진실이라 믿고 실제로 그렇게 살려고 노력했다. 어머니가 원하는 것이 내가 원하는 것이라고 당연하게 받아들이고 자라 어른이 되었다. 그리고 내가 엄마가 되어 자식에게도 그대로 되풀이하려 한다. 어머니도 그 선대 어머니에게 같은 제한을 받으셨을 것이다. 모두들 의식하지 않고 반복해온 것이다.

이제, 자신의 느낌을 찾기 위해 기억 저편의 어린 시절 접어두었던 역사를 되돌아보아야 한다. 잘못했을 때는 "넌 원치 않은 딸이었다"는 뼈아픈 말도 들어봤을 것이다. 반면 잘하면 잘하는 대로 "네가 아들이었으면 좋았을 텐데"라는 기막힌 말도 들었다. 이렇게 자신이 소중한 존재라는 것을 알 수 없게 만들었으니, 우리는 스스로 자신을 무시하고 내 삶이 귀한 줄 모르고 살았던 것이다. 자신이 좋아하는 것이 중요하게 여겨지지 못하고 뒷전에 밀려나 있어도 불만이라 느낄 줄 모른다. 자신의 느낌도 무시해서 내세우질 않는다. 이런 것을 우리 사회에서는 겸양의 미덕으로 쳐주기 때문에 더욱 강화될 수밖에 없었다.

지금부터 할 일은 우선 말 못하고 숨겨두었던 자신의 느낌을 찾아내는 일이다. 누가, 무엇이 내 느낌을 무시하게 했고, 표현하지 못하게 하고 있는지 발설해야 한다(알트루사 심리학 교실에서는 자신의 이야기를 공감해주는 사람들 앞에서 느낌을 표현하게 하는데, 이것을 '발설[發說]한다'고 한다). 들어주고 알아줄 사람이 있으면 함께 느낌을 찾아나갈 수 있다.

심리학 교실을 찾은 엄마들에게 나는 어려웠던 경험, 끔찍한 파국의 체험이 있으면 그 사건을 이야기하거나 글로 쓰라고 권한다. 누구에게나 어린 시절이 있기 때문에 함께 자연스럽게 그때 마음으로 돌아갈 수 있다. 그때를 회상하면서 숨이 막힐 정도로 힘들어하는 엄마들도 있다. 원망과 분노가 치솟아 울기도 한다. 하지만 마냥 분노하고 슬퍼하는 것이 아니라, 당시 힘없는 어린 자신을 안타깝게 바라보며 그때 느꼈던 감정을 재생하며 느낌을 찾아간다. 심리학 교실에서 나는 엄마들과 이런 일을 계속 진행하고 있다. 이렇게 느낌을 찾아가는 과정은 한 번으로 끝나는 것이 아니라 시간이 걸린다. 이런 과정 속에서 부모님과 갈등이 일어나기도 하지만, 새로운 시각으로 자신을 처절하게 들여다볼 수 있다. 이런 처절한 고통을 피해 보려고 발버둥 치면서도 글을 쓰고, 목메어 흐느끼면서도 그 글을 소리 내어 읽고, 함께 울고 웃으며 성심껏 서로 마음을 나눈다. 이렇게 각자의 자서전을 몇 번씩 쓴다.

이런 과정을 밟다 보면, 가해자도 우리 사회 문화의 피해자였다는 사실을 가슴으로 느끼게 된다. 약자의 자리에서 볼 때 원망스러운 강자라고만 보였던 어른들이 오히려 이해받아야 할 약자일 뿐이라는 측은한 마음이 든다.

네 자신을
인정하라

누구나 자신을 잘 알고 있다고 생각하는데, 그렇지 않다. 실제로는 다른 사람들이 만들어놓은 틀로 자신을 보며 살고 있다. 지금 내가 가진 문제 역시 오로지 나의 탓만이 아니다. 그러니 창피해할 것도, 숨겨둘 필요도 없이 입을 열고 이야기해보자. 자유로운 발설이 나쁜 습관을 발견하고 고치기 때문에, 좋은 엄마로 발전하기 위한 첫 단계가 된다.

초등학교 시절부터 들어 너무나 익숙한 '네 자신을 알라'는 격언은 아주 쉬운 말처럼 여겨진다. 어린 마음에 "자신을 모르는 사람이 어디 있을까?", "왜 그 말을 그렇게 심오하다고 하는 걸까?" 하는 의문을 가졌던 기억이 난다. 하지만 자신을 모르고 있을 뿐만 아니라, 스스로를 오해하고, 미워하고, 근거 없이 자기 탓을 하며, 억울한 줄도 모르고 자신을 부끄러워하거나, 저주하는 사람들을 만나보면서 비로소 소크라테스의 그 말이 얼마나 필요한지 절감한다. 그의 말대로 자신을 제대로 알기란 정말 쉬운 게 아니다. "나는 이런 사람이야"라고 스스로를 인정하고, 나름대로 당당하게 살아가는 것이 얼마나 어려운 일인지 상담실에 찾아오는 엄마들을 보고 늘 느낀다.

겉모습을 보기 위해 거울이 필요하듯 자신의 속 모습을 알기 위해서도 거울이 필요하다. 그런데 다른 사람이 자신을 향해 보여주는 반응이 바로 속 모습을 비춰주는 거울이 된다. 그러기에 자신을 알기 위해서는 정확하고 좋은 거울이 될 사람을 가까이 두어야 한다. 날씬하게 비춰주는 백화점에 있는 거울 같은 사람이 곁에 있다면, 현실을 아름답게 포장해 보여줄 것이다. 하지만 이런 사람은 잠깐 기분 좋게 해줄지 모르지만, 현실을 왜곡해 보여주기 때문에 좋은 거울은 아니다.

아이를 키울 때도 칭찬을 많이 하라고 하지만, 과한 칭찬은 자신을 스스로 과대평가하게 만드는 원인이 되므로 주의해야 한다. 자신의 능력을 과신했다가 기대만큼 되지 않으면, 실망하여 좌절하거나 늘 남의 탓만 하는 사람이 될 수 있기 때문이다. 칭찬만 듣고 곱게 자란 자기중심적인 사람은 다른 사람의 비판을 듣기 어려워하고, 학교나 일터에서도 자신이 기대한 평가를 받지 못하면 윗사람에게 문제가 있다고만 생각한다. 주변 사람들의 의견이라는 거울에 비친 자신을 보고, 알아차리고, 조절하기보다는 혼자의 세계에 갇혀 있는 것이다. 따라서 양육의 첫 책임자인 엄마는 아이에게 정확하고 좋은 거울이 되어야 한다.

엄마가 자녀에게 끊임없는 칭찬으로 과도한 자신감이라는 착시 현상을 야기하는 거울이 되는 경우도 있지만, 추하게 보이는 나쁜 거울 노릇을 하는 경우도 많다. 늘 야단치고 잔소리하는 엄마가 그들이다. 그들은 왜 나쁜 거울이 되었을까?

 부부가 서로 존중하고 대등한 관계가 아닐 때, 엄마는 자녀에게 좋은 거울 노릇을 할 수 없다. 술 마시고 늦게 들어오는 아빠와 그런 아빠에게 늘 당하는 엄마를 보고 자란 아이를 떠올려보자. 어린아이는 앞뒤 상황을 모른 채 공포에 떨게 되고, 그 상황을 막을 만한 힘이 없는 엄마를 신뢰하지 못한다. 그리고 힘이 센 아빠에게 당하기만 하는 엄마를 불쌍하다고 생각하면서, 약자인 자신 역시 엄마와 같은 편이라 여기고 아빠를 미워하게 된다. 그리고 아빠가 귀가하기 전에 이불을 뒤집어쓰고 일찍 잠들어야 그 싸움의 현장에서 피할 수 있다는 아이다운, 하지만 불안전하고 일시적인 피신 방법을 선택한다.

 이렇게 자란 아이는 현실의 문제를 직시하지 않고 살아가게 된다. 현실을 비춰주는 거울을 똑바로 들여다보지 않는 것이다. 그렇게 어른이 되고 엄마가 된다. 자신을 바로 비추어 보려 하지 않으니, 현실 판단이 잘될 리 없다. 문제와 대면해서 해결해본 경험이 없기 때문에, 부부 사이의 소통도 잘 하지 못한다. 이불을 뒤집어쓰고 현실에서 동떨어져 숨어 있는 자세로 살다 보니, 자신에게 맞는 남자를 모르는 것도 당연하다.

 이런 니들은 그냥 조건이 맞아서, 청첩장을 이미 돌렸으니, 임신했으니, 자기 아니면 안 된다고 따라다니니 등의 이유로 결혼했다는 말을 한다. 그러고 보니 아버지가 어머니에게 했던 것과 행태는 달라도, 자신 역시 남편에게 학대받고 있다. 그런 대우를 받으면서 벗어나지 못하는 것을 온통 못난 자신의 탓으로 돌리고 우울증에 빠진다.

그러나 이 삶이 자신이 만든 결과물이 아님을 깨달아야 한다. 따라서 '외할머니-어머니-나-딸'을 거치며 대대로 대물림되고 있는 잘못된 거울을 직시하는 단계가 반드시 필요하다.

"내 탓이 아니구나!"

"내가 못난 것이 아니구나!"

"내 잘못이 아니구나!"

이걸 깨닫고 나면 얹힌 가슴이 풀리면서, 어린 시절 억울한 상황에서 하지 못했던 말을 '발설'하게 된다. 깊게 숨어 있어 자신도 모르고, 잊고 있었던 마음이 떠올라 눈물이 난다. 상담을 통해 이런 과정을 거치면, 상담 초기에 찔끔찔끔 울던 사람이 큰 소리로 시원하게 통곡한다. 그러면서 자신을 점점 더 잘 알아가게 되는 것이다.

자신을 알면, 쓸데없이 가지고 있었던 죄책감, 창피함이 점차 사라진다. 다른 사람을 믿지 못하던 마음도 없어진다. 자기의 한계를 정확하게 보듯이 다른 사람의 한계도 보이기 때문이다. 자신이 실수할 수 있듯이 다른 사람도 실수할 수 있다는 걸 인정하고 "그럴 수도 있지" 하는 너그러운 마음이 생긴다. 자신이 남과 다른 것을 인정하듯 가족과 이웃 모두 각기 다르다는 것이 보인다. 그리고 그 다른 것을 인정하고 사랑하게 된다.

자신을 아는 것이 평화로운 삶의 출발이다. 전쟁에서 이기려면 "적을 알라" 했던가? 하지만 자신을 아는 것이 남을 알게 되는 지름길이니, 먼저 "자신을 알라"고 말하고 싶다.

어린 시절로
되돌아가보자

> 우리는 보이지 않는 마음을 궁금해하지 않고, 어린 시절 아이로서 누려야 할 느낌을 억누르고 살았다. 그렇다면 어른이 되어서라도 어린 시절의 느낌을 찾아야 한다. 그래야 '지금', '여기'에서 살고 있는 자신의 느낌을 살릴 수 있고, 내 아이의 마음을 알아줄 수 있다.

말로 의사소통을 할 수 있기 전인 갓난아기 시절의 체험은 우리 마음을 구성하는 아주 큰 부분으로 남아 있다. 그러나 그 시기의 삶은 마음속에 말로 입력되지(input) 않았기 때문에, 말로 끄집어내기(output)가 어렵다. 아마도 거의 불가능하다고 해야 할 것이다.

말을 머리에 입력할 수 있게 된 때는 이미 그 이전에 만들어진 마음의 틀에서 벗어나기 힘들어진 뒤다. 태어나서부터 자신을 보살펴준 엄마의 뜻에 맞추어 만들어진 거름망으로 경험을 거르고 나서 남겨진 말, 즉 어른들이 듣기에 적합한 말이 입력되기 때문이다. 그래서 자신만의 느낌이 기억되는 것이 아니라, 엄마 개인의 성향과 거기에 더해 집안의 현실적인 문제와 분위기, 전통에 따라 여러 겹으로 해석되고 각색된 느낌이 기억에 남아 있다.

우리네 어머니들만 아이에게 영향을 준 것은 아닌가 보다. 셰익스피어 비극의 인물들 역시 막강한 힘을 발휘하는 어머니들이 만들어낸 결과물이라는 해석이 있다.* 통상적으로 생각하는 '어머니 상'은 따뜻한 사랑으로 포근하게 자녀를 품어주는 것이다. 그런데 막상 아이들은 엄마 앞에서 자기 힘을 제대로 발휘하지 못하니, 우리가 생각하는 어머니 상이 현실에서 진실인지 허구인지 물을 수밖에 없다. 게다가 아이들이 받은 상처는 언제나, 자신을 더 없이 사랑하고 자신을 위해 희생을 마다하지 않는 엄마와 연결되어 있기 마련이니 말이다.

어머니가 일부러 그런 것이 아니란 걸 우리는 안다. 현실이 각박하고, 먹고 살기에 너무 바쁘고, 어머니 자신이 참고 살아내야 할 삶이 힘들었기 때문이란 것 역시 안다. 하지만 머리로 알고 있다고 해서 마음의 상처가 치유되는 것이 아니다. 마음의 상처를 치유할 기회를 가져야 한다.

두 자녀를 기르기 너무 버거워 때로는 자기감정을 조절하지 못하고 아이들에게 불같이 화를 내는 자신을 고치고 싶다고 찾아온 젊은 엄마가 생각난다. 우리가 화를 내는 이유는 자신이 원하는 대로 되지 않기 때문이다. 그 엄마 역시 자신이 마음먹은 대로 되지 않는

---

* J. Adelman, *Suffocating Mothers: Fantasies of Maternal Origin in Shakespeare's Plays, Hamlet to the Tempest* (New York: Routledge, 1992)

무언가가 있기 때문에 아이에게 화가 나는 것이리라.

　이 엄마가 전에 직장 생활할 때는 큰아이는 시어머니가 봐주셨고, 작은아이는 멀리 있는 친정에 맡겨놓고 주말에나 얼굴을 봤다. 그러다 아이들이 아픈 바람에 휴직을 하고 두 아이를 혼자 맡고 있다. 첫째 아이가 특수한 체질이라 잠들고 난 후에도 한두 시간 지켜보아야 하는 어려움이 있다. 이런 탓에 그 엄마는 수면 시간이 늘 부족하다. 둘째 아이는 잠시도 엄마 손을 놓지 못하는 불안 증세를 보이고 있어 손이 많이 간다. 게다가 자신 역시 다리 수술을 한 후 아직 회복이 안 되어서 건강이 좋지 않은 상황이다. 다음해에 복직해야 하는데, 그 시간이 다가오는 것이 두렵단다.

　상담하며 지금 상황이 불면증에 걸리고도 남겠다고 위로하다가, 결혼 전부터 불면증이 있었다는 말을 듣고 그 점에 눈을 돌렸다. 아버지 일이 이래저래 잘못되면서, 어머니가 보험이니 식당 일이니 가리지 않고 해가며 4남매를 키웠단다. 그런 어머니의 노고에 늘 감사하는 마음으로 살았다. 그런데 어머니가 어마어마하게 고생하는 것에 비하면, 자신의 고민은 너무나 사소해 보여, 어린 시절부터 문제가 생겨도 누구에게도 말을 하지 못했다고 한다. 그냥 꾸역꾸역 참으며 지냈다. 그러니 아무도 마음을 알아줄 사람이 없었다. 어린 시절 학교생활이나 친구 사이에 어려움이 있어도, 성장해 직장 동료들과 갈등이 생겨도 혼자 끙끙 앓기만 했다. 그러다 보니 당연히 불면증이 생겼다.

어떤 생각이 떠올라도 말을 들어줄 사람이 없으니, 말을 하지 않고 사는 것이 습관처럼 굳어버렸다. 그 엄마는 "내가 무엇을 바라도 되는지, 무엇을 바라면 안 되는지 몰랐다. 눈치를 보느라 아무것도 제대로 못했다"고 고백했다. 남편이나 회사 동료와 의견 충돌이 생기면 자기주장을 하기보다 그냥 참고 따르는 편이었다. 자녀 양육에 대해 시어머니와 다른 생각이 있어도 마음 상하지 않게 말씀드릴 자신이 없어 그냥 속으로만 싫어했다.

이 엄마가 지금 닥친 현실의 문제를 풀어가는 데 있어 이렇게 버거워하는 이유는, 어린 시절에 어머니에게 말 못한 마음의 문제가 풀리지 않고 그대로 남아 있기 때문이다. 이런 사람들은 흔히 자신은 대화법을 몰라 마음을 전달할 수 없다고 생각한다. 하지만 대화 기술의 문제가 아니다. 더욱이 어른이 되어 이렇게 저렇게 말하는 대화 방법을 배운다고 해서 할 수 있는 것도 아니다.

젊은 엄마는 상담 후, 되돌아보니 자신은 자기만의 동굴 속에 갇혀 있으면서, 다른 사람의 마음도 모르고 소통할 생각도 하지 않고 살아온 것 같다고 했다. 하지만 아이 시절의 삶으로 회귀해서 느낌을 살리고 나면, 시어머니와도 자유롭게 마음을 나눌 수 있고, 남편과도 교감할 수 있을 것이다. 물론 자기 속에 갇혀 있는 자폐 엄마에서 벗어나 마음을 서로 나누게 되면 아이들에게 화낼 일도 없어질 것이다.

이렇게 어린 시절 아이다운 마음으로 살아가지 못하고, 그 당시 느껴야 할 느낌을 가둬두면, 어른이 되어서도 자신의 느낌을 표현하지 못하고 살아간다. 이제, 가둬두었던 느낌을 드러내고 자유롭고 밝은 어른으로 살아가자.

희망의 빛이
절망의 어둠을 이겨낸다

> 혼자 자기 문제에 갇혀서 다람쥐 쳇바퀴 돌듯 살아서는 안 된다. 누구에게든 도움을 청해 어둠에서 벗어나야 한다. 혼자 희망의 빛을 찾는 건 사실상 불가능하다. 자신을 도와줄 주위 사람들과 함께 찾아 나서라. 그리고 건강해진 다음에는 자신이 받았던 희망의 빛을 다른 사람에게 비춰주도록 하자.

2010년 10월 13일을 세계 모든 이들은 잊을 수 없을 것이다. 땅속 깊은 곳에 오랫동안 갇혀 있던 칠레의 서른세 명 광부들을 구해내기 시작한 날이니 말이다. 그들은 드디어 69일이라는 길고 긴 땅속 생활을 마감했다. 나는 TV와 신문 기사를 보고 눈물을 흘리며 감격했고, 삼풍백화점 붕괴 당시 17일 만에 구조된 17세 소녀가 우리에게 보여준 인간 승리의 감격도 다시 떠올렸다.

그 어려운 상황에서 그들이 매 순간을 어떻게 살았을지, 그 마음이 알고 싶어진다. 나 역시 헤어날 수 없는 수렁에 빠졌다는 느낌을 가져본 적이 있기 때문이다. 사람이라면 누구나 끝도 보이지 않는 깊은 절망감 앞에서 힘들어했던 때가 있을 것이다. 앞으로도 빛이 안 보이는 그런 상태를 만나지 말라는 보장이 없다. 전 세계 사람들이 서른세 명의 광부에게 관심을 가진 것도 그 때문이었으리라.

8월 5일 사고가 난 후, 자신들이 살아 있다는 사실이 밖으로 알려지기 전인 17일 간이 그들에게 가장 힘든 시기였을 것이다. 그때만 해도 살아서 나갈 수 있다는 희망을 갖기 힘들었을 터다. 그때 세 패로 나뉘어 갈등했다고 한다. 삶에 대한 믿음의 모양새와 강도에 따라 그룹이 나뉘어졌을 것이다. 희망이 보이지 않는다고 포기한 사람도 있었고, 어떻게든 해보자며 나름대로 나갈 구멍을 찾으려는 이들도 있었다. 그리고 구조대가 올 거라는 믿음을 가지고 희망을 품은 사람들이 있었다. 이 중 작업반장 우르수아는 바깥세상에 있는 사람들에 대한 믿음이 강한 사람이었다. 믿음이 있으면 사람은 강해지고, 다른 사람들에게도 그 믿음을 전달할 수 있다. 그래서 그는 다른 사람들에게도 구출될 수 있다는 희망을 전하며 버티도록 했다.

그렇게 힘든 17일을 보낸 후에 바깥세상과 접선이 되고 나서는 모두가 굳은 믿음을 가질 수 있었다. 보이지 않는 것을 믿기는 어려워도 이미 명확해진 다음에는 희망을 갖기 쉬워지기 때문이다.

이 사건을 보면서 우리 엄마들의 마음 치유 과정을 생각하게 되었다. 혼자 불안이나 강박이나 우울증에 빠져 있으면 아무것도 보이지 않는다. 빛 하나 들어오지 않는 칠흑같이 어두운 땅 속에 사는 것이다. 그러나 빛의 세계에 있는 이웃이 자신의 깜깜한 마음과 연결된 통로의 문을 두드릴 때, 그 소리를 들으면 믿음의 씨가 뿌려진다. 그 믿음으로 어둠이 걷힐 것이라는 희망을 키울 수 있다. 혼자 힘으로 할 수 있는 것이 아니다. 함께하는 작업이다. 그러니 다른 사람의 도움을 거절하지 않는 마음이 있어야 한다. 아니, 도움을 주려는 사람의 선의를 믿고, 내민 손을 잡을 수 있어야 한다. 체면이나 자존심 때문에 다른 사람의 손을 거절하고 어찌 되었든 혼자 해내려는 사람은 그 어둠에서 벗어나지 못한다.

칠레 산호세 광산은 지리상으로는 멀지만, 바로 우리 마음의 방일 수 있다. 그곳에 몰린 구조대와 응원군 무리, 취재팀만큼 많은 숫자가 눈에 띄지는 않지만, 깜깜한 마음의 굴속에 갇혀 있는 우리가 나오기 기다리고 응원하는 이웃들이 있다. 혼자 해결하려 들지 말고 도움을 받을 곳을 적극적으로 찾아야 한다. 찾기 힘들다면 알트루사를 찾아와도 좋다.

우리는 개별 상담만이 아니라, 집단 상담과 심리학 교실을 통해 여성들 사이에 믿음과 희망을 싹틔우고 있다. 희망을 품으면 어둠은 힘을 잃게 된다. 뭐든 잘 안 될 것이라고 의심부터 하던 부정적인 마음도 어느새 눈 녹듯 사라진다. 호기심이 생기면 그냥 물으면 된다. 다른 이의 이야기를 듣고 일어나는 자기 느낌과 생각을 성심껏 표현하면 된다.

그러면 자녀와의 관계도 얼마나 좋아지는지 모른다. 심리학 교실에서 한 엄마가 고1 딸이 "예수님이 마음에 드는 옷을 발견한 후에 뭐라고 하셨는지 알아요?"라고 문자를 보냈다며, 전 같으면 아이가 엄마에게 그런 문자를 보낼 생각도 못했을 것이라며 웃었다. 자신 역시 예전 같았으면 "쓸데없는 소리 말고, 공부나 해!"라고 했을 테지만, 이제는 "할렐루야!"라고 답하고 거기에 'ㅎㅎㅎ'까지 추가한다고 했다.

희망으로 가득 찬 눈으로 서로 얼굴을 마주하고 살면 사는 것이 아주 재미있어진다. 우울한 나날을 오래 살아온 이가 새날을 흥분으로 맞으면 그 하루, 그 순간이 영원이 된다.

과거로부터
자유로운 사람은 없다

> 사람들은 힘든 과거를 잊고 싶어하고, 인정하지 않고, 마치 없었다는 듯이 덮어둔다. 그러나 아프고 싫더라도 덮어두었던 과거의 경험과 그와 짝지어진 느낌을 풀어내야 한다. 아픈 기억만 있는 것이 아니다. 아픔과 함께 밝고 따스한 느낌도 되살릴 수 있다. 진정한 사랑과 화해는 과거를 꽁꽁 묻어두고 다 잊어야 가능한 것이 아니다.

미국의 젊은 작가인 D. 스트라우스의 회고록 《인생의 반절(Half a Life)》이라는 책을 읽었다. 이 책은 누구나 한 번쯤 읽어보길 권한다. 감당하기 어려운 일을 당한 열여덟 살 젊은이가 어떻게 그 후 20년을 보냈는지, 어떤 심리학 책보다 진실하고 생생하게 보여준다.

스트라우스는 아버지의 차를 운전하고 친구들과 놀러 가던 중 자전거를 타던 동급생 여학생을 치는 교통사고를 낸다. 그 뒤 지울 수 없는 기억을 안고 그는 성숙해간다. 책 마지막쯤에 한 말이 "과거나 미래로부터 자유로운 사람은 없다"이다.

상담실에서 만난 많은 사람들은 잊을 수 없는 아픈 과거를 가지고 있다. 상담실 밖에도 과거에서 자유롭지 못한 사람들이 그 과거를 안고 자유롭지 않은 현재를 살아가고 있고, 미래 역시 꿈꾸지 못한다는 것을 안다. 겉으로는 모두 고개를 흔들어 과거를 떨쳐버리고 유유히 살아가는 듯이 보인다. 그러나 잊었다고 생각하는 과거는 우리의 오늘과 앞으로의 날들을 괴롭히는 침전물로 무의식(하부 의식) 속에 엄연히 살아남아 있다.

바로 어제도 "왜 나는 여자들과는 잘 지내는데 남자와는 잘 지내지 못할까요?"라고 묻는 미혼 여성을 만났다. 나는 "간단하게 답이 나오지 않지요. 한참은 함께 이야기해야 될 것 같은데요"라고 대답했다. 그니가 과거로부터 자유롭지 못하다는 걸 알기 때문이었다.

나는 아픈 과거를 가진 이들에게 D. 스트라우스처럼 자기만의 회고록을 쓰길 권한다. 그리고 그렇게 들춰낸 자신의 과거를 공공의 대상을 향해 발설하게 한다. 그냥 건드리지 않고, 아무에게도 말하지 않고, 덮어두고 사는 것이 제대로 사는 것이 아니기 때문이다. 누구나 과거로부터 자유롭지 않다는 것은, 과거를 없는 것처럼 버려둔다고 해서 사라지는 것이 아니라는 증거이다. 그리고 앞으로의 날들도 그렇게 회고록을 쓰는 자세로 살아야 한다.

마음이 건강해지고 있는 엄마들은 지난날의 경험에 대해 할 말이 많아진다. 그전에는 못하고 있었던 말들이다. 일부러 하지 않은 것이 아니라, 기억 저편 아주 멀리 하부 의식에 잠겨 있었던 일이기 때문에 말할 수 없었던 것이다. 어떤 이는 초등학교 때 일 전체를 기억 못하기도 한다. 보통은 머리에 입력할 말이 발달하기 전의 일을 기억하지 못하지만, 이런 경우에는 입력하고 싶지 않은 일이라 무의식적으로 기억하지 않으려 하는 것이다.

옛 기억은 고구마 줄기 같아서 기억하기 쉬운 것부터 말하기나 글쓰기로 파내기 시작하면 줄줄이 연결되어 나온다. 자기의 회고록을 쓰는 심리학 교실에서 이야기하다가 갑자기 잊어버리고 있던 끔찍한 과거가 떠올라 놀라는 사람이 많다. 그때가 바로 감추고 싶은 과거에서 풀려나는 순간이다. 그 과거를 수면 위로 떠올리지 않았다면 아직도 자유를 누리지 못했을 것이다. 끔찍한 장면을 떠올리고 나면, 그 다음에 그 장면과 연결된 당시의 자신을 볼 수 있다. 벌벌 떨고 있는 조그만 아이가 보인다. 그러면 그 아이와 함께 울기도 하고 분노를 느끼면 폭발하기도 한다. 함께한 사람들과 그 느낌을 나누다 보면 혼자가 아니라는 위로를 받는다.

이제 함께 어릴 때 느꼈던 느낌, 그동안 억누르고 있어서 의식하지 못하고 있었던 느낌을 찾아 나서보자. 느낌이 간단할 리 없다. 크기가 다르고, 모양새가 다른 고구마를 주렁주렁 캐내듯이 다양한 결의 느낌이 드러난다. 보이지 않는 땅속에 묻혀 있던 고구마처럼 무의식에 묻혀서 모르고 있었던 느낌을 알게 된다. 고구마 한 포기만 심지 않듯이, 우리는 살면서 여러 가지 경험을 했기 때문에 느낌은 풍성해진다.

과거로부터 완전히 자유로워지기 전까지 우리는 할 말이 많을 수밖에 없다. 빙산이 해수면 밑에 크게 자리하고 있듯이, 어린 시절의 이야기는 아마도 끝이 없을 것이기에 우리의 전기 쓰기는 계속될 것이다. 그리고 한 편씩 써낼 때마다 화색이 돌고, 다른 사람을 알아보게 되고, 사랑스럽게 사람다워짐을 느낄 것이다.

상을 뒤엎어버리던 무서운 아버지의 얼굴이 출발점이 되었더라도 자꾸 이야기하다 보면 자기를 따뜻하게 품어주시던 기억도 난다. 아버지에 대한 다양한 색깔의 느낌이 생생하게 살아난다. 삼복더위에 해산하고 친정에 몸조리하러 갔을 때, 산모가 에어컨 바람 쐬는 것이 나쁘다며 직접 옥상에 올라가 호스로 물을 뿌려 집을 식힌 아버지가 떠올라 새삼스레 감격한 사람도 있다. 전에는 구두쇠 아버지가 전기세가 아까워 에어컨을 켜지 않으셨다고만 생각했는데, 자기의 느낌을 회복하고 나면 이렇게 왜곡되지 않은 과거를 회복하는 것이다. 그리고 "과거로부터 자유롭게 되었다"고 크게 말하고 싶어진다. 이젠 예전의 모습으로 절대 되돌아가고 싶어하지 않는다. 미워하고 원망하는 마음보다 진정으로 사랑하는 마음이 훨씬 자신을 건강하게 하기 때문이다. 그리고 그 마음이 자녀와 이웃의 건강을 지킬 수 있기 때문이기도 하다.

엄마가
된다는 것

어머니는 어른의 마음으로 최선을 다해 양육했다. 그러나 그런 어머니 품에서 어린 시절을 보낸 딸은 좋은 엄마가 되고 싶은데, 그게 지금 안 돼서 답답하다. 그 이유를 찾고 방법을 구하다가 문제가 아이에게 있는 것이 아니라는 걸 깨닫는다. 자신이 이미 엄마로서 문제성을 가지고 있었음을 아는 것이 '좋은 엄마 되기의 첫 걸음'이다.

    남부럽지 않은 가정을 반세기 가까이 지키며 우아하게 살아온 어머니가 있다. 그니는 성공한 남편과 안정되게 자리 잡은 자녀들, 그 속에서 손자들이 무럭무럭 자라는 걸 매우 자랑스러워한다. 어디에서든 밝은 모습으로 마치 전문 사진사가 찍은 한 컷의 사진처럼 늘 말끔함을 유지한다. 수정을 거쳐서 티 하나 없고, 주름 한 가닥 없는 멈추어진 한순간의 표정이다.
    그러나 반세기라는 긴 세월 동안 얼마나 많은 고비가 있었겠는가! 사진 속에 갇힌 모습과는 전혀 다른 산고와 진통, 성장, 움직임, 변화, 사랑과 배신, 갈등, 질투, 그리고 냄새, 소리, 웃음, 눈물, 절규 같은 온갖 역사가 실제로는 얼마나 많이 엮어졌을지 모른다. 그 역사가 가족의 마음에 깊이 새겨져 주름이 되고, 속병의 원인이 되고, 한 성미 생기기도 하고, 자기만의 처세술이 되기도 한다. 가까운 이웃에게도 들키지 않을 낮은 소리로 암투를 벌이기도 한다.

그러나 가족은 서로를 속일 수 없다. 특히 자녀는 부모를 속속들이 보아왔기 때문에 속일 수 없다. 나는 아들이 작문 시간에 쓴 한 구절의 글에서 그 진리를 다시 한 번 깨달았다.

"엄마는 나를 어른이 되어 알기 시작했지만, 나는 엄마를 태어나서부터 평생 알고 있다!"

자녀는 이렇게 엄마를 알고 있는데, 정작 엄마는 아이를 모르고 있다. 간혹 엄마들이 "우리 애를 정말 이해할 수가 없어"라고 푸념하는 모습을 본다. 특히 하나 이상 자녀를 키우는 집 엄마들은 둘째를 향해 "언니는 안 그랬는데", "형은 다른데"라는 말을 곧잘 한다. 하지만 아이가 처한 상황을 알았다면, 왜 그렇게 다른지 알수 있을 텐데 알려 들지 않는다.

어른만 있는 틈에서 태어난 첫아이는 자연스럽게 어른의 눈치를 빨리 터득한다. 그래서 어른 마음에 드는 행동을 많이 한다. 반면 나이 차이가 별로 나지 않아도 둘째에게는 어른 같이 행동하지 않아도 되는, 이른바 아이 짓을 마음껏 해도 되는 선택의 여지가 생긴다. 그런데 문제는 맏이를 대할 때와 똑같은 기준으로 둘째를 보니 문제가 생기는 것이다. 엄마는 두 자녀를 똑같이 대했는데 둘째 아이만 불만이라고 고민하지만, 사실 둘째를 다른 눈으로 보는 다른 엄마가 되었어야 한다.

모든 엄마들이 "내 아이를 위해 최선을 다한다"고 말한다. 물론 정직한 말일 것이다. 그러나 그것으로 충분하지 않다. '엄마'는 아이가 있을 때만 존재 가치가 있다. 그런데 엄마의 입장에서 자녀를 보고, 알고, 생각한 바대로 하고 나서, 아이를 위해 최선을 다했다고 해서는 안 된다. 좋은 엄마는 아이가 느끼고, 생각하고, 원하는 것을 알아주고 거기에 맞게 대응해주어야 한다. 그래서 둘째를 알아주는 다른 눈을 가진 엄마가 되라는 것이다.

둘째를 알아주는 엄마라면, 첫째가 어른 세계에 맞추어 살려고 애쓰면서 느낀 어려움도 보이게 될 것이다. 내 자식이 어려움을 품고 산다면 이를 풀어주고, 그 짐을 덜어주는 엄마가 되어야 한다. 첫째는 대부분 점잖은 편이다. 하지만 아이가 점잖아서야 되겠는가? 아이는 아이다워야 한다. 그런데 아이 스스로 아이다워지기가 쉽지 않다. 엄마 역시 어린 시절을 돌아보면, 마음을 이해받고 마음껏 놀며 자라지 못하지 않았는가. 아이 마음을 알아주는 어른들이 없지 않았는가. 우리 사는 세상이 어른 중심이기 때문이다. 어른의 마음에 드는 것을 빨리 터득할수록 착한 아이라 칭찬 듣거나, 적어도 야단맞는 일은 피할 수 있다. '울지 않아야' 산타할아버지도 선물을 가져다 준다는 노래가 있을 정도이니, 어찌 아이가 마음껏 울 수 있겠는가?

이렇게 자녀의 마음을 모르고 알려고도 하지 않는 엄마 밑에서 자라면서 아이는 자신의 마음을 표현하지 않게 된다. 들어줄 사람이 있어야 표현할 수 있기 때문이다. 이렇게 표현하지 않다 보면 자신의 느낌을 모르는 사람이 된다. 이렇게 자라 또 어른이 되고 엄마가 된다. 어머니 같은 엄마가 되지 않겠다고 해놓고도, 정작 아이의 느낌을 모르는 엄마가 되어 있는 자신을 발견하고 당황한다. 그러고는 어떻게 해야 할지 몰라, 쉬운 길을 택한다는 것이 남을 따라하는 것이다.

다른 엄마들 하는 모양새대로 자녀에게 요구하기 바쁘다. 평균치 이상으로 아이가 키도 커야 하고, 몸무게도 늘어야 한다. 다른 아이들 같이 잠도 잘 자고, 걷고, 말하기도 일찍 해야 한다는 바람을 마음속에 품는다. 일란성 쌍둥이라 할지라도 보이지 않는 마음은 확연히 다른데, 비슷한 시기에 태어난 아이들을 통계 치로 묶어둔 틀에 내 자식을 가둬두어야 되겠는가?

엄마가 된다는 것은 아이의 안색을 읽는 전문가, 도사가 되는 것이다. 어른 중심의 사회에서 어린 시절에 느꼈어야 할 느낌을 꽃피우지 못하고 살아온 우리 아닌가? 우리 아이에게만큼은 어린 시절의 느낌을 영위하며 살아가도록 해주어야 한다. 그러기 위해 엄마 먼저, 자기만의 아픔이라 여기며 가슴에 꽁꽁 묻어둔 이야기를 꺼내보자. "난 너무 힘들어요. 나 혼자만의 경험이었더라도 들어줘요"라고 말이다. 그렇게 풀어내고 나면 기적 같은 변화가 일어난다.

알트루사 심리학 교실에서는 사람들 앞에서 어린 시절의 아픔을 토해내고, 그 이야기를 들은 사람들이 함께 눈물 흘리며 공감하는 시간이 있다. 어머니가 들어주어야 할 이야기를 '대리모'들이 들어주는 것이다. 내 이야기를 하고 다른 사람들의 이야기를 들어가며, 혼자라고 생각했는데 나와 비슷한 경험을 한 사람들이 있다는 것을 알고 느낌을 공유한다. 그리고 미처 드러내지 못한 느낌을 다른 사람들이 대신해 말해줄 때, 자신의 느낌을 더 분화시킬 수 있는 경험도 한다.

이렇게 어린 시절의 느낌이 살아나면 지금의 느낌도 살아난다. 묵은 상처에 새살이 살아나듯 말이다. 그러면 이제 아이에게 진짜 좋은 엄마가 될 조건을 갖추게 되는 것이다.

하루아침에 되지 않는 것

이제까지 살아온 삶의 방향을 바꾼다는 것이 결코 쉬운 일이 아니다. 하지만 어렵다고 중간에서 포기해버리면 성숙의 기회를 잃고 만다. 자신의 삶을 소중하게 여기는 사람은 고통스러운 변화의 과정을 끝까지 잘 해내리라 믿는다.

미국이 자신들을 일컬어 '자기도취의 나라'라고 반성하는 연구 결과가 있다.* 1970년대부터 최근에 이르기까지 미국 대학생들의 '공감(empathy)' 수준을 측정한 심리학도가 자기도취의 정도가 더욱 심해지고 있다고 발표했다. 서로의 마음을 알아주고 느낌을 공유하는 '공감'의 능력이 점점 결여되어 간다는 것이다. 1960년대부터 미국인들이 사회의 제재와 기대에 등을 돌리고, 자신의 가능성 추구에만 집중하며, 자기만족을 최대의 목표로 삼아온 결과라고 반성한다.

우리도 다를 바 없다.** 중학생들과 대화 모임을 하는 모람이 기막

---

* Jean M. Twenge & W.Keith Campbell. *The Narcissism Epidemic* (New York: Free Press, 2009)
** 계간지 〈니〉 24호. 특집: 무감각한 사람들. 2011년 가을.

헌 일이라며 얘기해준 사례가 있다. 마음의 건강이 얼마나 중요한지에 대해 이야기 나누는 과정에서 아이들이 "우린 마음 없어도 돼요. 돈만 있으면 되잖아요"라는 말을 아무렇지도 않게 했다는 것이다. 특수한 한 아이가 아니라, 아이들 전반이 그런 생각을 갖는다는 걸 알기에 더욱 힘이 빠졌다고 한다. 심각한 문제이다.

두세 살이면 이미 소꿉놀이를 하며 다른 사람과 역할 바꾸기가 가능하고, 갓난아기도 다른 아기의 울음소리를 들으면 삐죽거리며 울 정도로 타인의 마음을 공감하는 능력을 갖추고 있다. 그렇게 공감할 줄 알았던 어린아이들을 우리가 어떻게 길렀기에 마음이 필요 없다고 생각하는 것일까? 아무렇지도 않게 친구를 따돌림하는 냉정한 아이들이 되어가니 가슴 아프다.

최근 뇌신경 과학이 발달하면서 다른 사람의 마음을 알아주고 공감하는 뇌의 영역과 호르몬 분비물이 알려지고 있다. 처음부터 완성된 뇌를 가지고 평생 사는 것이 아니라, 갓난아기 때 갖추어진 뇌의 영역이 20대까지 점점 더 발달한다고 한다. 그런데 이 뇌의 발달은 양육자를 비롯한 주위 환경의 영향이 크다. 즉, 엄마가 공감하는 뇌의 발달을 도울 수도 있지만, 방해할 수도 있다는 말이다.

엄마가 몸이 아파 자녀를 돌봐주지 못하고 방치했다가 어려움을 겪고 있는 가족을 만났다. 이 집 자녀는 어린 시절에 공부를 잘해 별문제없다고 생각했는데, 성인이 되어 인간관계에 어려움을 느껴 상담소를 찾아왔다. 다른 사람의 마음을 공감하는 능력이 발달되지 못한 경우였다. 엄마와 늘 느낌을 나누며 성장해야 했는데 그러지 못했고, 자라면서 인간관계의 어려움은 큰 문제라 여기지 않아 눈여겨본 사람이 없어 그런 결과를 낳았다.

성취에만 집중하는 어른이 된 이 젊은이는 이제야 인간관계가 얼마나 중요한지 느끼고, 다른 사람과 자기의 느낌을 나누는 연습을 정기적으로 꾸준히 하고 있다. 책을 읽고, 영화를 보고 느낌과 생각을 글로 써서 상담자와 교감을 나눈다. 가족 사이에서 있었던 일을 이야기하면서 자신의 생각을 표현한다. 그리고 다른 사람이 자신과 다르게 느낄 수 있다는 것을 추가적으로 제시하기도 한다. 자기 생각에만 사로잡혀 있었을 때에는 다른 이를 이해하지 못했는데, 차츰 타인의 생각과 행동을 오해하지 않게 되어가고 있다.

가족들은 젊은이의 특수한 입장을 이해하고 받아주며 참을성 있게 기다려주고 있다. 상담 초기에 젊은이는 엄마를 괜히 툭툭 쳐보기도 하고, 매달려 아기 짓을 하기도 했다. 아기 때 해보지 못한 행동을 다 커서 해보는 것이다. 아빠에게도 돈을 달라고 조르기도 하고, 비싼 전자 기기를 사달라고 부탁해보기도 했다. 아빠의 사랑을 시험해보는 것이다. 그러다가 엄마를 다치게 하고는 아파하는 것을 보고 놀라 미안해한다. 아빠가 요구를 다 들어줄 수 없다는 것도 알아가게 된다. 물론, 아직은 자기밖에 모르고 다른 사람(부모)의 마음을 헤아리기 힘들어하며, 자기 뜻대로 되지 않으면 불같이 화를 내기도 한다. 그래도 부모는 상담자와 의논해가며 자녀와 천천히 앞으로 나아가고 있다.

요즘 그 젊은이는 청년 모임에 참여해 자기 마음을 솔직하게 이야기하고 타인의 반응을 보며, 자신의 느낌과 생각의 영역을 넓혀가고 있다. 참여하는 젊은이들도 정도는 다르지만 모두 아직은 자기중심적인 사람들이기 때문에, 때로는 그의 특이한 반응에 놀라거나 인정하지 못하겠다는 표정이다. 하지만 아주 흥미롭다는 듯 관심 어린 눈길을 보내는 이도 있다. 그는 이렇게 다른 사람들과 함께 사는 세상에서 살 준비를 하고 있다.

이제까지 살아온 삶의 방향을 바꾼다는 것이 결코 쉬운 일이 아니다. 특히, 어린 시절 발달이 멈추어버린, 아니 퇴화되어버린 공감 능력을 어른이 되어 다시 찾아가는 것은 만만치 않은 작업이다. 하지만 이 젊은이는 이 힘든 과정을 해내가며 전천히 변화를 경험하고 있다. 이 고통스러운 과정을 포기하지 않고 해나가는 그는 자신의 삶을 그만큼 소중하게 여기는 사람이다. 분명 결실을 낳을 때까지 노력할 것이라 믿는다.

아이가 공부, 노래나 운동 등 자신이 가진 재능 때문에
혹은 무엇인가를 해낸 덕분에 사랑받고 있다고 생각하면
그 삶은 불안하다. 부모와 자녀는 아무런 조건 없이 사랑을 나누고
마음을 함께하는 사이가 되어야 한다.

6
아이의 마음을 공감하는 좋은 엄마

남들과 똑같이 자녀를 기르며 힘들어하고 고민했던 엄마들이 상담과 심리학 교실을 거쳐 자신의 느낌을 되찾은 후, 많이 변해가는 모습을 보아왔다. 이 장에서는 그 변화에 대해서 이야기해보려고 한다.

그들은 함께 어울려 서로에게 거울이 되어 비춰 보여주고, 자신의 참 모습을 본 뒤에 아주 달라졌다. 표정이 바뀌고, 활기를 찾고, 때로는 건강에도 변화가 생긴다. 자녀들 걱정에서 놓여나고 가족 관계뿐만 아니라 이웃과의 관계도 바뀐다. 남을 믿지 못하고 '뭐든 혼자 해야 한다'는 생각에서 벗어나니 다른 사람의 도움도 흔쾌히 받아들이고, 다른 사람을 돕는 데도 선선히 동참한다. 이제까지 중요하다고 여겼던 것에서 놓여나 자유를 경험하며, 한마디로 다른 세상을 살게 된 것이다. 이런 변화는 누구에게 배워서, 학점을 따서, 학위 과정을 거쳐서, 자격증을 받아서 되는 일이 아니다. 엄마 스스로 해내는 과정이다.

이런 변화가 좋은 이유는 전에 들리지 않던 내 아이의 숨소리, 신음 소리, 감격의 소리가 모두 똑똑히 들리기 때문이다. 자신의 느낌이 살아나면 다른 사람의 느낌을 함께 느낄 수 있고, 아이의 느낌을 공유할 수 있는 것이다. "전에는 왜 들으려 하지 않았을까?", "왜 전에는 그게 보이지 않았을까?" 하고 과거의 자신이 이상하고 한심스럽게 생각된다는 니도 있다. 그리고 지금이라도 볼 수 있고, 들을 수 있고, 느낄 수 있다는 것을 다행으로 여긴다.

엄마가 자녀의 마음을 알아주게 되니, 오해 없이 자연스럽게 소통이 된다. 전과 달라진 엄마를 믿고 아이가 속 이야기를 하는 것이다. 엄마가 자신을 아프게 하는 괴물이 아니라, 사랑을 나눌 수 있는 존재라 여기고 좋아한다. 엄마로서 자녀의 사랑을 받는 것 이상의 보람이 또 있을까?

흔들리는 아이의 눈빛을
읽고 이해한다

자기 식대로 자녀를 몰아가던 엄마는 힘겨워하는 아이의 모습을 제대로 보지 못했다. 그러나 자신의 느낌을 되찾은 후 미세하게 흔들리는 아이의 눈빛마저 놓치지 않고 포착하는 능력이 생겼다.

한 엄마가 자신의 느낌을 되찾은 후 흔들리는 아들의 눈빛까지 읽고 마음을 이해할 수 있게 되었다고 기뻐했다. 아들이 장성해 군대에 간 뒤에야 그 마음을 알게 되어 미안하긴 하지만, 이제라도 알아줄 수 있어 다행이란다.

그 엄마의 아들이 군대에서 휴가를 나왔다. 군대에서 만나 가까워진 친구를 만나기 위해 외출 준비를 하는 아들에게, 엄마로서 전에도 늘 하던 질문을 던졌다.

"군대에서도 친구를 사귈 수 있구나. 그래 그 친구는 어느 학교에 다니니?"

이 간단한 질문에 아들의 눈이 몇 초지만 흔들리는 것을 보았단다. 그것이 엄마로서 자신의 변화를 알아차리게 된 지표가 되었다.

아이는 곧 눈빛을 가다듬고 그 친구는 대학에 가지 않았다고 말했다. 수능 시험 보기 얼마 전 아버지가 교통사고로 돌아가셔서 충격이 심해 시험을 치르지 못했다는 것이다. 그래서 아직도 차를 무서워한다고 한다. 그래도 성격이 아주 좋고 자신과 제일 친하다고 아들은 강조한다.

그 엄마는 예전 같으면 그런 친구는 사귀지 말라고 했을 자신을 떠올리며, 그런 모습에서 벗어난 것을 감사하게 되었다. 아들도 엄마가 예전 같았으면 인정해주지 않을 친구라서 말하지 말까, 하고 잠시 마음이 흔들렸다. 엄마는 아들 마음의 흔들림까지 이제 볼 수 있게 되었고, 아들 역시 이런 엄마의 변화를 알게 된 것이다. 아들은 엄마가 예전과 다르다는 것을 상기하고, 뭐든 솔직하게 말한다.

예전에 그니는 공부가 중요하다고 아들에게 늘 강조했다. 재수를 해서라도 아버지가 나온 이른바 일류 대학에 가기를 바라던 엄마였다. 공부 잘해서 사회에 나가 번듯하게 자리 잡아야 한다고 생각했기 때문이다. 내 아이에게 '실패'란 단어는 없다고 여겼다. 그리고 이 사회에서 실패하지 않은 반듯한 사람들하고만 상대하고, 그렇지 않은 사람은 아예 없는 듯 여길 것을 은연중에 가르쳐왔다. 어느 특정 지역에 살면서, 특정 학군에서 어울려야 한다고 믿었다. 물론 배우자도 같은 무리 가운데서 찾아야 한다고 생각했다. 물을 흐려놓으면 안 된다는 철칙을 가지고 있었다. 순조롭게 자기 동류들과만 접촉하고 순종을 지켜야 하니까.

그런 엄마의 가르침 속에서 아들은 무척이나 힘겨워했다. 하지만 엄마 눈에는 그런 아들의 모습이 보이지 않았다. 그래서 자기 식대로 몰아붙이기만 했었다. 이 엄마는 이제 그렇게 규격화된 사람만 중요한 것이 아님을 알게 되었고, 무엇보다 소중한 자신만의 특성을 가지고 살아갈 권리가 있다는 걸 알게 되었다. 물론 자신이 규격에서 벗어난 후에 일어난 일이다.

예전에는 아들의 눈의 떨림을 볼 마음의 눈이 없었는데, 이제는 보이는 것이다. 뿐만 아니라 보이지 않던 남편의 안색도 읽게 되고 마음도 느낄 수 있게 되니, 온 가족이 사랑을 나눌 수 있게 되었다. 그래서 이 엄마는 기적이 일어났다고 입버릇처럼 말한다. 억누르고 있던 자기 느낌을 알게 되고 표현하게 된 것이 숨통을 틔워 주었다고.

이 엄마가 자라온 가정환경에서는 자신의 느낌을 알아주는 어른이 없었다. 물론 잘 먹이고, 고운 옷 입히고, 보살펴준 부모님이 계셨지만, 그분들은 아이에게 따로 느낌이 있고, 서로 느낌을 나눠야 한다는 것을 몰랐다. 대부분 우리 부모님들이 그러셨다. 그러기에 어려서부터 자기 마음을 따로 품고, 그 마음을 내보이려는 생각을 감히 할 수 없었다. 아이들은 어른이 들어주지 않을 이야기는 못하기 때문이다.

이제는 그때 못했던 말을 하게 되면서 할 말, 하고 싶은 말, 아예 하고 싶은 말이 없었다고 여겼던 여러 가지 느낌을 담은 말까지 그야말로 말이 많아졌다. 그랬더니 다 잊어버리고 있었던 일이 기적처럼 생각나고 그때 느꼈던 마음이 되살아났다. 그만큼 느낌이 많아졌다. 느낌이 살아나니 아들의 느낌도 알게 되고, 자신 역시 아들의 느낌을 몰라주는 엄마였다는 것이 뼈아프게 다가왔다. 그리고 남편이 얼마나 우울한지도 보였다. 그녀는 이제 "영원히 자고 싶다"는 남편의 말에서 전해오는 아픔을 같이 나누고 있다. 이렇게 마음을 알아주는 부인이 있으니, 아마도 남편의 우울함도 사라질 것이다.

느낌의 세계를
어떻게 전해야 하나

묻어두어서 자신도 모르고 있던 느낌을 재생하면서 변화가 일어나면 그 변화가 다른 사람에게도 전해진다. 꽃이 향기를 가두어두고 숨길 수 없듯이 느낌도 전파되는 것이다.

상담 교실에서 보이지 않는 마음의 세계에 대해 알게 된 한 엄마가 자신의 어린 시절의 느낌을 되살리기 위해 언니와 이야기를 나눴다고 한다. 딸만 있는 집에서 아들이 없어 불만이던 아버지와 아들을 낳지 못해 기죽어 사는 어머니의 심기를 살피면서 자란 자매이다. 그나마 아버지에게 귀염을 받았던 자신은 맞지 않고 자랐지만, 언니는 아버지에게 많이 맞았다. 매 맞는 언니를 보는 것이 너무나 괴로워 어떻게든 아버지를 말리고 싶었지만, 그때는 그럴 용기도 힘도 없었다. 가슴 조이며 그저 도망간 언니가 잡히지 않기만을 바라던 일이 아직도 생생하다고 고백했다. 실제로 맞아야만 아픈 것이 아니라, 언니가 맞는 아픔을 같이 느끼는 가슴 시린 고통 역시 외면하거나 피할 수 없는 것이었다.

그니는 그 마음을 언니와 나누고 싶어 어렵게 이야기를 꺼냈다고 한다. 그런데 놀랍게도 언니는 그 사건을 기억하지 못하고 있었다. 정작 아프게 맞은 언니는 기억하지 못하니 어이가 없기도 했단다. 더욱이 어린 시절의 아팠던 마음을 이야기하는데, 언니는 듣기 거북해하면서 이상하리만치 아버지를 두둔하고 나섰다는 것이다. "우리 아버지보다 더한 사람이 얼마나 많은데, 그래도 우리를 키워주시고 교육시켜주셨으니 늘 고맙지"라고만 했다.

그런데 얼마 지나지 않아 언니가 아버지에게 무섭게 매를 맞았던 옛 기억을 되살리게 되었다. 언니는 아버지 어머니를 찾아가 울면서 '왜 그때 그렇게 자기를 때렸는가' 물었단다. 놀랍게도 아버지가 아무 말씀을 안 하시고 언니 말을 다 들어주셨다고 한다. 다 키워놨더니 은혜도 모르고 덤빈다며 호령하실 줄 알았던 아버지가 조용히 다 들어주셨다는 것이다.

그 엄마는 자신이 언니의 잠자고 있던 마음을 깨웠다고 믿고 있다. 마음속 느낌 없이 '내 가족 먹고살기 위한 평안'만을 걱정하며, 돈과 힘만 있으면 된다고 여겼던 언니였다. 그런 언니를 동생 자신이 바뀌고 나서 일깨워준 것이라고 생각한다. 그리고 이렇게 계속 주변 사람들을 깨우고 싶다고 말한다.

사람들은 "다 지나간 옛일을 지금 끄집어내면 뭐하느냐?"고 한다. 하지만 그렇게 덮어두고 묻어두고 있으면 영영 아무 느낌 없이 살게 된다. 내가 무엇에 불만을 가지고 있는지, 왜 슬픈지, 어떤 이유로 괴로운지 모른 채 불만스럽고 슬프고 괴롭게 사는 것이다.

그녀는 자신의 느낌을 되찾은 후, 반갑게도 원망만 했던 아버지를 마음 깊이 고마워했던 아름다운 기억도 되찾았다고 했다. 딸을 낳아 안고 친정에 갔더니 모두들 아기가 예쁘다고 야단들이었다. 하지만 마음속으로 미워했던 아버지에게는 보여주고 싶지 않아 자기도 모르게 아이를 싸안고 등을 돌렸다. 그런데 아이의 얼굴을 훔쳐본 아버지가 "넌 더 예뻤단다"라고 하셨단다. 그 일이 16년이 넘은 지금에야 생각났다고 한다. 그리고 "아, 아버지가 날 사랑하셨고, 또 표현하셨는데 마음을 닫고 느낌을 사장하고 있어서 그때는 그 마음을 듣지 못했구나"라며 감격해 울먹였다. 생전 아버지의 사랑을 믿지 않았고, 영영 아버지를 사랑하지 못할 것 같았는데 따스한 느낌이 살며시 스며든 것이다.

그 엄마는 자신뿐 아니라 언니도 마음을 회복하리라 믿는다. 이렇게 느낌이 살아나면 달라진 표정과 느긋해진 마음이 가까운 사람들에게도 퍼지기 때문이다. 요즘 아이들에게도 잔소리하지 않는다. 그 전에는 잔소리가 좀 심했다고 한다. 그런데 이젠 자기가 하는 잔소리를 듣는 아이들의 표정이 보인단다. 아이들의 표정을 볼 수 있게 눈이 밝아진 것이다. 아이들이 자기 보폭으로 걷는 것이 당연하다는 것을 알게 되었다.

아이들은 "엄마가 바뀌어서 너무 좋아요"라고 말한단다. 마음의 이야기를 알아주니 아이들은 마음의 부모 없는 고아의 신세를 벗어난 것이다. 아이들은 이제 엄마의 든든한 사랑이 바탕이 된 무대 위에서 마음껏 춤출 수 있다. 그니가 언니에게 뿌린 씨앗이 언니네 집에서도 또 기적을 이루어갈 것이라 믿는다. 이렇게 보이지 않는 역사의 기적이 바이러스처럼 기하급수로 번져갈 것이다. 이 책을 읽는 엄마들에게도.

자신을 바꾸는 것이
관계 개선의 첫 번째 방법

시집과 문제가 생기면 자녀에게도 나쁜 영향이 있다. 아이는 자상한 친할머니를 엄마처럼 싫어해야 할 것 같아 마음이 혼란스럽다. 다른 사람을 변화시키려 하지 말고 자신이 변하면 미운 시어머니, 마마보이 남편, 말 안 듣는 아이까지 모두 다르게 볼 수 있다.

결혼한 후 시집과의 관계에서 어려움이 많이 생긴다. 시어머니를 이해하지 못하고 힘든 관계에 대해 불만을 말하는 니가 아주 많다. 나서 자라 익숙한 친정과 다른 분위기이고, 나이 먹어 새롭게 편입된 집이니 여러모로 쉽지 않다. 옛날 어른들만큼 참고 살지는 않지만, 그래도 마음대로 할 수 없는 구조이다. 판단, 표현하는 방식 모두 생소하다. 남편이 부모와 잘 소통하는 사람이면 모르지만 그렇지 않은 경우도 많다.

특히, 자녀를 키울 때 시어머니가 참견하는 것을 젊은 엄마들은 매우 싫어한다. 시부모님이 "애를 잘 먹이지 않아 말랐다"고 하는 말을 듣기 거북해하고, 아이가 목이 막힌 옷을 싫어하는데 그걸 모르고 "목이 따뜻해야 기침하지 않는다"고 잔소리하는 것도 싫다고 말한다. 하지만 자녀를 키울 때 시부모님에게 편협한 시선을 두는 것이 자녀 교육에도 좋지 않다. 아이는 자상한 친할머니가 좋아도 엄마처럼 싫어해야 할 것 같아 마음에 혼란을 느끼기 때문이다.

자신이 먼저 마음의 건강을 회복해 바뀌면, 즉 친정어머니의 눈으로 보는 시각에서 벗어나 자유롭게 볼 수 있게 되면, 시어른과 시누이와도 터놓고 생각을 나눌 수 있게 된다. 부모님과 거의 이야기하지 않고 지내던 남편이 아내 덕분에 부모님을 이해하게 되면서 "우리 아버지가 그런 말씀도 하셨어?" 하며 놀랐다는 이야기도 들었다.

어떤 젊은 엄마는 기독교인인데 제사를 지내는 집안에 시집을 가 제사 때 절하는 게 마음이 불편했다고 한다. 그런데 어느 해인가 "절을 하고 싶지 않은데 하지 않아도 될까요?"라고 여쭈었더니, 시어른이 선선히 안 해도 된다고 하셨다. 당연히 안 될 거라고 생각하고 입을 닫고 있어서 그렇지, 마음을 열고 나누니 시어른과의 불편한 관계가 해결된 것이다.

또 한번은 시어머니 건강에 문제가 생겨 병원을 선택하고 입원 치료를 받으셔야 하는 모든 절차를 결정하는 데, 며느리인 자신이 중심에 있게 되었단다. 당시 가족 중에 어머니 간호에 매달릴 사람이 없었기 때문에 자신이 나서 간병인을 두자고 제안했고, 가족 모두가 그러자고 동의했다고 한다. 전 같으면 불평하는 마음이 있지만 내색도 못하고, 편찮으신 분을 속으로 미워했을 것이다. 그렇다고 자신이 선뜻 맡을 수 없으니 죄송한 마음도 있었을 거란다. 하지만 아이들을 돌봐야 하고 자신의 일도 있는 현실을 솔직하게 다 말씀드리니 해결되더라는 것이다. 또다시 말로 풀어간 예이다.

젊은 엄마는 미운 어머니가 어느 날 갑자기 좋은 분으로 바뀌신 것이 아니라, 자신이 변하니 그렇게 된다는 것을 알게 된 것이다. 남편을 마마보이라고 생각했던 것이 오해였다는 것도, 자신의 시각이 공평해진 다음의 일이다.

이웃 아이들보다 똑똑하지 않고 활발하지 않다고 여겼던 자녀를 보는 눈도 달라졌다. 유난히 어려웠던 시험을 보고 성적표를 들고 온 아이에게 "괜찮아!"라고 말할 수 있게 되었다. 엄마의 격려에 아이가 자기도 모르게 "휴, 다행이다" 하는데, 마음이 아팠단다. 아이는 반 친구들은 시험을 못 보면 집에 가서 심하게 혼이 나거나 맞기도 하는데, 엄마는 그러지 않고 위로해줘서 좋다고 했다. 그 얘기를 듣고 엄마로서 많은 반성을 했다고 한다. 그렇게 자녀와의 사랑과 믿음을 회복해갔다.

그 엄마는 그동안 친정어머니가 싫어하던 친척들을 같이 싫어했었는데, 자신의 눈으로 그들을 다시 보면서 새롭게 관계를 맺어가게 되었다고도 한다. 어머니가 그렇게 싫어하신 시어머니, 그러니까 자신의 친할머니를 고마운 분이었다고, 어머니 눈치 보지 않고 말할 수 있게 되었다.

자신을 바꾸는 것이 모든 관계를 변화시키는 첫 번째 방법이다. 먼저 자기가 변화하는 것이 결코 손해가 아니다. 건강해지고, 성숙해지는 일이니 손해일 수 없다. 건강과 성숙이 좋은 엄마의 필수 요소이니 아이들에게도 좋은 일이다.

우리를 위한 변화

> 경직된 자신의 틀에서 벗어나면 안목이 넓어져 가족만을 위한 이기성을 넘어서는 공공 의식이 생긴다. 혼자만의 세계에서 전전긍긍하며 늘 비극으로 결론 맺고 상상만으로 불행해했던 마음도 이제 긍정으로 바뀐다.

초등학교 6학년 딸과 4학년 아들을 둔 엄마의 경험이다. 자녀의 가을 운동회가 있었다. 노래하기를 좋아해 합창부에 들어간 딸은 운동회에서 부를 노래를 열심히 그리고 즐겁게 준비했다. 그런데 기대하고 간 운동회에서는 녹음된 노래를 틀고 아이들은 입만 벙긋거리고 있었다. 게다가 그날은 초가을이라도 유난히 더웠는데, 작은아이가 참여할 순서 때는 땡볕에 아이들을 줄 세워 기다리게 해놓고는 초청 프로그램이라고 '비눗방울 쇼'를 했다. 아이들의 행사가 진행되는 곳과 부모들의 관람석이 너무 멀어 정작 부모들은 자녀들의 모습을 보기 힘든 것도 문제였다. 그밖에 운영에도 차질이 많아 모두 지쳐갔다.

이 엄마는 학교 운동회의 목적이 무엇인지 고민하기 시작했다. 아이들과도 이야기해보고 다른 엄마들의 생각도 들어봤다. 그리고 나서 학교 운영위원회에 운동회에 대한 의견을 제안하기로 했다. 조심스러운 남편이 학교도 나름대로 이유가 있었을 테니, 그냥 넘어가는 것이 어떨까 하면서 학교의 입장을 대변했다(그런 남편의 의견 때문에 나와 다른 생각을 하는 사람도 있을 수 있다는 걸 다시 한 번 생각해보고, 학교 당국의 태도에 놀라 당황하는 일 없이 잘 대응할 수 있게 되었다고, 다른 의견을 가진 남편에게도 고마워했다). 그래도 학교 운영위원회에 운동회에 대한 안건을 올렸다. 학교 행정 당국은 경직된 반응을 보였지만, 교사들과 학부모들은 표정으로라도 발의하고 질문하는 이 엄마를 고마워했다고 한다. 학부모 운영위원회를 허수아비처럼 세워놓았던 이제까지의 관행에 제동을 걸었으니 당연하다.

이 엄마도 처음부터 이렇게 공공 의식을 가지고 자기 의견을 두려움 없이 말할 수 있었던 사람은 아니었다. 처음 상담소를 찾아왔을 때는 남편을 '마마보이'라고 하면서 이해할 수 없다고, 시집에 문세가 있다고 하소연하던 니였다. 그리고 자기 식구만 생각하는 어머니 품에서 자라 어머니와 똑같은 생각으로 단단히 뭉쳐 있었다.

그러다 남들은 다 필요없고 자기 자식과 식구들을 위해서만 살아야 한다고 생각하는 친정어머니의 틀에 갇혀 있던 자신의 모습을 깨달은 것이 변화의 첫걸음이었다. 사실, 가족의 이익만을 생각하며 사는 삶은 도덕성 발달 단계에서 가장 유치한 수준에 머물러 주저앉는 것이다. 그 엄마는 자신을 돌아보며 그동안 가족 아닌 다른 사람에 대해 필요할 때 쓰고, 필요 없으면 버릴 도구로 여기고 있었던 것을 깨달았다. 그리고 나니 근본을 뒤흔드는 중요한 변화가 생겼다. 개별 상담을 받고, 이런 깨달음을 함께한 모람들과 마음을 나누고, 서로 독려하며 활동하면서 이웃의 범위를 점차 넓혀가게 된 것이다.

불쑥불쑥 튀어나오는 자신의 옛 모습을 보면서 아직 멀었다 싶어 걱정도 되지만, 자녀를 자기 혼자 기르지 않아도 된다는 것이 위로가 되고 도움이 된다고 고백한다. 모람들이 서로 아이들에게 이모가 되어주기 때문이다. 책 읽기를 좋아하는 딸은 이제 엄마하고만 책 읽은 이야기를 나누기보다 다른 이모와도 이야기하고 싶어하고 그런 기회가 주어졌다. 이 엄마 역시 이모가 되어 다른 아이들의 이야기를 들어주기도 한다.

자신이 보고 배운 친정어머니처럼 한 가지 방식만 있는 것이 아니라는 생각의 전환 덕에 모든 일에 유연하게 대처하게 되었다. 굳어서 쉬 부러지는 노인의 뼈가 아니라, 아이의 뼈같이 부드러워져 유연하게 받아들이는 태도를 갖추게 된 것이다.

자기 아이들만이 아니라 학교 모든 아이들을 위하고, 다른 학부모들의 생각을 대변하는 용기 있는 태도는 그렇게 길러진 것이다. 마음이 건강한 사람의 중요한 특징이 혼자 설 수 있는 독자성, 그리고 경직성에서 벗어난 유연성, 신념을 지키는 용기라면, 이 엄마는 그만큼 건강해진 것이다.

콤플렉스에서
벗어나다

지금 자신을 불편하게 만드는 마음이나 습관이 어린 시절의 경험과 연관된 콤플렉스라는 걸 아는가? 나를 붙잡고 있는, 더 나아가 자녀에게까지 강요하고 있는 식습관, 청결 습관, 돈에 관한 습관의 뿌리가 어린 시절에 있다는 것이다.

우리는 오전 모임을 하고 나서 각자 집에서 가져온 반찬을 펼쳐놓고 점심을 먹는다. 1,000원씩 모아 쌀을 사 따뜻한 밥만 지으면 아주 성찬이 된다. 간혹 찌개나 부침개를 뜨끈하게 해먹기도 하고, 재주를 부려 카레라도 만들면 계동 골목 안 깊숙이 들어앉은 조그마한 한옥이 음식 향기로 가득해진다.

차려진 음식을 보며 매번 "맛있겠다!"를 연발하는 한 모람이 있었다. 우리는 그니가 함께 음식을 나눠먹는 걸 좋아하나 보다 했다. 그런데 후에 사실은 음식 장만하는 일을 부담스러워한다는 것을 알게 되었다. 간단하게 먹자고 하고, 열심히 음식을 만드는 사람에게 제동을 걸기도 했다. 즐겁게 하고 있는 이들은 의아했다.

그러다가 어려서 먹던 음식 이야기가 나왔다. 그니의 어머니는 늘 큰 그릇에 여러 가지 나물을 넣고 밥을 비벼 나눠주면서 "맛있다"고 하셨단다. 그런데 아이 때 자기는 나물을 싫어했고 기름기 있는 음식이 좋았단다. 그렇다고 "먹고 싶지 않다"는 말을 할 수는 없었다. "싫다"거나 "맛없다"는 말은 더더욱 할 수 없었다.

동생을 여럿 둔 만이라 어머니 뜻을 완전히 복사한 듯 살아왔다. 자신의 마음이 어머니와 똑같다고 착각하며 살아온 것이다. 본인의 표현대로 "착각의 시작은 바깥(엄마)이었지만, 그 후로 자가증식(自家增殖)해서 내 안에서 자리 잡은 것"이다. 그리고 빨리 완벽하게 어머니같은 어른이 되고 싶었다(이는 물론 하부 의식의 자기 분석을 한 결과로 나온 고백이지, 그렇게 알고 의식하고 살아온 것은 아니다).

이렇게 어린 시절의 자신을 알게 되면, 현재 자신의 모습을 직시하고 자유롭게 살 수 있다. 과거 자신의 질문에 대해 언제나 엄마가 정답이었다면 이제는 자신이 정답이 된다는 것을 인식하기 시작하며, 양푼 비빔밥을 싫어해도 된다는 미각을 찾았다. 전에는 자기 입에 들어가는 음식마저 자신이 먹은 것이 아니라는 것을 깨닫게 되었다. 자기가 차려놓은 밥상을 두고 남들이 뭐라고 하는 말을 듣기가 거북하고 긴장되었는데, 이제는 무슨 소리를 들어도 마음을 숨기지 않고 표현할 수 있다고 한다.

두 살 터울의 남매가 친구같이 잘 노는 것을 보면서, 자기는 어린 시절 두 살 아래 동생을 친구처럼 생각해본 적이 없었다는 것을 깨달았다. 동생을 엄마의 뜻에 따라 자신이 늘 보호하고, 명령하며, 이

끌었다. 동료나 이웃도 늘 자기 뜻대로 주도하려 했다는 걸 알았다. 어디서나 머릿속에 들어앉아 있는 어머니의 지시에 따라 모두를 지도 편달하며 살아온 자신을 볼 수 있게 된 것이다.

다른 모람들도 각기 어린 시절과 연관되어 만들어진 자기 특성을 알아가고 있다. 한 엄마는 어린 시절 밥상 앞에서 아버지가 입맛에 맞지 않는 음식이 상에 올라오면 아무 말씀 없이 그 접시에 젓가락을 대지 않았던 이야기를 했다. "맛있다"거나 "맛없다"는 어떤 표현도 없었다고 한다. 그래서 아버지의 수저에 마음이 쓰이고, 자라면서 아버지 상을 차릴 일이 생기면 피하고 싶어졌다는 것이다. 그 모람은 그동안 모임에서 먹을거리에 대해 이야기가 오가면 아주 편한 사이임에도 불구하고 불편한 듯 자리를 슬그머니 뜨곤했다. 하지만 지금은 왜 자신이 음식에 관해 이야기하는 자리에서 예민한가를 되짚어보게 되었다.

어려서 아버지가 안 드시는 것이 은근히 어머니나 외동딸인 자기 탓처럼 느껴졌던 것을 기억해냈다. 언젠가 함께 먹으려고 가져온 음식이 모임에서 별로 인기가 없어 마음이 좋지 않았던 일도 떠올렸다. 다른 모람의 기억으로 그때 음식이 너무 많았기 때문이라고 설명했지만, 당시에는 그런 상황을 두루 살펴 균형 잡힌 판단을 할 수 없었던 것이다.

우리가 가진 어린 시절의 경험으로 해서 생긴 인과관계의 해석 방식은 이렇게 어른이 되어서도 우리의 판단을 좌지우지하게 된다. 엄마가 살림에 치중해서 자녀들의 마음을 헤아리지 못한다면, 아이는 엉뚱하게도 엄마가 자신에게 관심이 없었다고 여길 수 있다. TV에 나오는 가수의 흉내를 냈을 때 주의를 끌었다면, 아이는 더욱 그렇게 해서 엄마의 마음을 사려 할 것이다. 학교 공부를 잘하는 것이 엄마에게 칭찬받고, 자신이 필요한 것을 요구할 수 있는 유일한 길이기 때문에 공부에 집중하는지도 모른다. 노래와 춤, 공부나 운동 같은 재능으로 간신히 엄마와 연결 고리가 이어져 있는 것이다.

무엇인가를 해내는 걸 조건으로 사랑을 받고 있다고 여긴다면 자녀와 엄마는 불안한 관계가 된다. 그렇게 해야만 부모 자식 간의 관계가 유지된다고 여기게 되면 순수한 인간관계를 체험하기 어렵다. 부모 자식뿐만 아니라 형제자매 사이의 우애, 친구와의 우정, 동료와 어울려 힘을 모아 살아가는 삶을 기대하기 어렵게 된다.

아무 조건 없이 마음을 나누는 사람도 없이 사는 삶이 과연 행복할까? 우리 아이를 그렇게 살게 해서야 되겠는가?

엄마를 위해 사는
자식을 만들지 마라

어머니를 위해 모범생이 되고, 어머니의 보람이 되려고 애쓰다 병이 난 사람들이 있다. 하지만 삶의 동기가 자신에게로 넘어오면 그렇게 애쓰지 않아도 된다는 걸 알게 될 것이다.

·

 우리 부부가 잘 가는 청국장집이 있다. 두 식구만을 위해 아파트에서 냄새 풍기기 뭣해서 간편하게 산책 나갔다가 먹고 들어오곤 한다. 우리는 남남북녀인 부부라 남편이 즐기는 남쪽 맛을 나는 별 줄 모른다. 그런데 그 청국장집은 남편의 고향과 가까운 지역에서 올라오신 분이 평생 끓이던 방식으로 만들어줘서 입맛에 잘 맞는다고 좋아한다. 딸과 어머니가 함께 운영하고 있는 식당인데, 아마도 나중에는 그 딸이 또 어머니 손맛을 내게 되지 않을까 싶다.
 상담소를 찾는 많은 이가 특별한 혹은 극단의 문제만을 안고 오는 것이 아니다. 손맛에서부터 많은 부분을 어머니에게 의지하고 있고, 거기서 벗어나지 못해 힘들다며 찾아오는 경우도 있다. 어머니 손맛을 이어가는 것은 괜찮을지 몰라도, 마음까지 어머니의 틀에서 벗어나지 못하는 것은 문제다.

상담소를 찾은 한 니가 자기는 좋은 어머니 품에서 자랐다는 말로 첫마디를 시작했다. 어머니를 존경하고 자라온 가정환경에는 아무 문제가 없었다고 한다. 그런데 결혼하고 문제가 생겼다는 것이다. 아이 낳은 후 시어머니와 갈등을 빚게 되었고, 남편의 전근으로 부부가 떨어져 살다가 어느 날 우울증에 걸린 자신을 발견했단다. 나는 그 엄마에게 어린 시절을 이야기해보라고 했다.

처음에는 자라온 친정에 문제가 없기 때문에 할 말이 없다고 고개를 저었다. 그러나 문제없는 집이 어디 있을까? 부모님 사이는 어땠는가도 묻고, 몇째로 태어났으며, 형제들 사이의 우애는 어땠는지도 물었다. 그러다 문제가 아니라고 여겨 지나쳐버렸던 곳에 수십 년 후에 나타난 건강 문제의 뿌리가 숨겨져 있었다는 것을 알게 되었다. 그녀는 엄마의 손길이 가장 필요한 시기에 혼자만 가족과 떨어져 지낸 적이 있었다. 그 후 무의식 속에 가족의 울타리 안에서 혹시라도 제외될까봐 두려운 마음이 자리잡게 되었다.

그녀처럼 사랑하고 존경하는 어머니에게서 문제가 비롯되었다는 걸 알게 되면 처음에는 어머니를 원망한다. 어머니에게 그런 마음을 표현하는 경우에 "이제 와서 어쩌라는 거냐?" 하는 분도 있고, "몰라서 그런 것이니 미안하다" 하는 분도 있다.

그런데 이런 문제는 머리로 알기만 한다고 해서 상처가 없어지는 것이 아니다. 자신이 느꼈던 그 시절의 마음을 알아줄 사람이 필요하다. 그러려면 자기 아픔을 될 수 있는 한 정확하게 표현하는 것이 우선이다. 물론, 의식하지 못하고 있었던 어린 시절의 경험을 기억하기는 어렵다. 더욱이 모든 아이들은 어머니의 보호와 사랑 없이는 생존할 수 없기 때문에 어머니를 우호적으로 기억하려 한다. 어머니 역시 모든 것이 아이를 사랑했기 때문이라고 믿는다. 그러나 그 사랑이 제대로 전달되지 않는 경우가 많다는 것이 문제이다.

그니의 어머니는 첫딸과 둘째인 아들에게 정성을 쏟았다. 많은 가정이 그렇듯이 이 집 역시 남편이 아버지로서의 책임을 만족스럽게 하지 못했다. 어머니는 두 자녀 양육에 아버지 몫까지 힘을 쏟아 부을 수밖에 없었다. 그런데 아이가 하나 더 생겼다. 세 번째 아이가 바로 그니이다. 어머니 손이 셋째에게까지 미치기에는 역부족이라, 그니는 할머니에게 맡겨졌다. 이런 경우 아이는 '혼자 버려졌다는' 느낌이 들 수 있다. 나름의 사정이 있었지만, 어머니가 언니와 오빠는 곁에 둔 채 어린 자신만 버렸다는 생각을 할 것이다.

그러면 아이는 나름의 살아남는 방식을 찾게 된다. 말썽 부리는 반항아로 관심을 끌 수도 있다. 그니는 말썽 부리는 언니가 어머니 속을 썩이는 걸 보고는 열심히 공부해 모범생이 되기로 했다. 살아남기 위해, 어머니에게 인정받기 위해 의식하지 않은 상태에서 아이는 이렇게 삶의 방향을 설정한 것이다. 의식했다면 이런 결정 과정을 기억할 것이다. 그러나 그니는 이런 과정을 기억하지 못했다. 그냥 자연스럽게 그렇게 흘러갔다고 여겼다.

어머니는 "넌 어려서부터 혼자 알아서 다 잘한 아이였다"고 칭찬했단다. 아이 입장에서는 소기의 목표를 이룬 것이다. 그러나 거기서 멈추지 않았다. 이렇게 성공한 경험은 그 행동 방식을 자꾸 반복하게 만든다. 학교 공부만 열심히 하는 것이 아니라, 부부 생활도 열심히 했다. 엄마 노릇도 열심히 했다. 친구들과 만나는 것도 열심히 했다. 직장 생활도, 책 읽기도, 문화생활도 모두 열심히 했다. 그렇게 뭐든 열심히 하는 것이 좋지 않느냐고?

내 대답은 "절대 좋지 않다"이다. 자신의 기준에 따라 열심히 하는 것은 문제가 없다. 그러나 어머니 기준에 따라 허겁지겁하기 때문에 삶이 힘들어지는 것이다.

어머니의 기준에서 살아오다가, 뒤늦게야 자신의 기준을 조금씩 찾아가면서 느낌과 생각 그리고 행동과 판단을 새롭게 만들어가는 과정은 결코 쉽지 않다. 그러나 자신을 보는 눈이 없이 살아가는 것이 더 힘들고 어렵다는 걸 잘 알기에 꼭 바꾸라고 권한다.

마음을 스스로 알지 못하면 그것이 몸의 병이 되어 나타난다. 그래도 이렇게 몸으로 아픔을 겪지 않았더라면 평생 어머니 기준으로 허송세월하고 있었을 것이니, 이렇게라도 드러난 게 다행이다. 그래서 '아픔의 공(功)'이 큰 것이다.

그리고 중요한 건 이렇게 깨닫고 나면 차츰 어머니를 더 정확하게 현실적으로 이해하고 사랑하는 성숙한 관계도 맺을 수 있다는 것이다. 어머니 틀 속에서의 사랑이 어린아이 동화 같은 사랑과 존경에 멈춰 있다면, 이제 상처를 이긴 튼튼하고 건강한 사랑을 성숙하게 나눌 수 있게 된다.

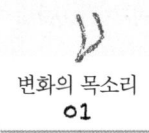

변화의 목소리
01

엄마 마음에 들기 위해 애쓰던 아이

한제선

작은아이가 음식을 들고 옮기다가 쏟았다. 나는 순간 '조심 좀 하지!' 하는 마음이 들어 움찔했지만, 또 다른 마음이 재빨리 생겨났다.

'실수잖아. 아이 마음을 다치게 하지는 말자.'

그래서 아이가 스스로 치우는 것을 가만히 지켜보았다. 그런데 이 모습을 보고 있던 큰아이가 "엄마가 예전에 이러면 굉장히 혼내서 아무 생각도 못하고 움직이지도 못했는데……"라며 말을 멈춘다. 그 말이 무슨 뜻인지 나는 너무도 잘 안다.

나는 큰아이를 키우며 참 신기하다 여겼다. 어쩜 그렇게 내 마음에 드는 말만 하고, 원하는 바를 정확히 알아채는지, 함께 있으면 지적할 것도 없고, 고민하지 않아도 되었다. 그만큼 편했다. 친구가 없다고 슬퍼하면 "엄마와 있으면 충분하지 않니?" 하고 설득했다. 그러면 아이는 고개를 끄덕이며 책으로 눈을 돌렸다. 책에 파묻혀 사는 걸 기특해했고, 은근히 부추겼다. 책만 있으면 다른 건 필요 없었던 어린 시절 나처럼 아이도 그런 줄 알았다.

하지만 상담을 통해 내 마음을 알아가면서 어린 시절 내게 책은 어쩔 수 없이 찾은 피난처였을 뿐, 다른 것이 필요했었음을 깨달았다. 세세한 마음을 표현해도 용납하고 믿어주는 이들과 나누는 풍부한 느낌의 세계 말이다. 그런데 내게 그런 사람과 세계가 존재하기는 했던가?

엄마를 생각하면 먼저 단단하고 어두운 뒷모습이 떠오른다. 그리고 화가 나서 눈을 크게 뜨거나, 괴로운 듯 얼굴을 일그러뜨린 표정만 생각난다. 하물며 웃는 모습도 내게는 날카롭게 와서 박혔다. 그런 표정을 보는 게 무서워서 어느 순간부터 엄마의 얼굴을 외면했다. 대신 엄마의 기침 소리에 촉각을 세웠다. 기관지가 좋지 않았던 엄마는 목을 가다듬을 때가 많았는데, 그 소리가 내게는 엄마의 마음 상태를 알려주는 지표가 되었다.

볕이 들었다가 구름이 끼는 날씨는 대비하기 어렵지 않다. 그러나 마음이 어두웠다가 밝아지는 게, 내 일이 아닌 엄마의 마음 상태에 의한 것이라, 나는 무엇을 해도 부족하다는 생각에 몹시 시달렸다. 맏딸인 나의 소망은 엄마가 행복한 것 오직 하나였고, 엄마가 기뻐할 일이 없을까 이벤트를 고민하며 살았다. 내 앞에서 기쁨과 슬픔, 좌절과 우울, 환희와 절망 모든 것을 거리낌 없이 표현하는 엄마와 함께라면 나의 느낌은 어떻든 상관없었고, 따로 존재할 수도 없었다. 이런 나를 사람들은 '효녀'라 불렀다.

세상에 엄마밖에 없고 다른 사람은 보이지 않고, 사랑도 우정도 아무것도 필요 없이 사는 대가로 얻은 이름이 '효녀'였다.

큰애가 대화할 때 내 눈을 보지 않는다는 것을 알게 된 후 마음이 아팠다. 나도 엄마처럼 그 애 앞에서 온갖 감정을 여과 없이 표현한 결과였다. 작은 실수도 호되게 다그쳤고, 애가 화를 내거나 울거나 하면, 이유는 묻지도 않고 무조건 어르고 달래어 말개진 얼굴을 보고서 "잘 해결했구나" 하고 혼자 생각했다. 그러나 어느 때부터 아이가 내 눈을 보지 않고 기계처럼 반응하는 게 느껴졌다. 해결된 것이 아니라는 것을 알게 된 후, 마음이 덜컥 내려앉았다. 내가 잘못한 것이 떠올라 겁이 났다. 나처럼 느낌 없이 40년을 살게 될 것이 걱정되었다. 그러나 상담소 선생님과 친구들은 그런 나에게 "걱정 마, 당신은 우리보다 훨씬 이른 나이에 여길 알았잖아, 그게 얼마나 다른데" 하고 말해준다. 하긴 아이는 아직까지 내 눈을 보지는 않지만, 전보다 내게 많은 말을 한다.

"엄마, 아까 위층 어디선가 아줌마가 막 큰소리로 아이에게 화내는 거 들었을 때 옛날 생각이 났어. 엄마도 전에는 그랬잖아."

"이번 시험 기간에 엄마가 동생을 혼내지 않아서 너무 마음이 편해."

"책상을 정리하려고 하면 다 소중해져서 뭐 하나 버릴 수가 없어."

어느 책의 어떤 부분에도 이토록 문장 통째로 내 가슴에 남아 기억되는 말은 없다. 내가 아이의 이 말들을 다 알아들을 수 있어서 얼마나 다행인가. 서로를 볼 수 있으니 얼마나 다행인가. 아이가 있고, 내가 있고, 우리들이 존재하는 한 사랑하기만 하면 된다. 마음 놓고 자신을 있는 그대로 느끼며 살면 된다. 그것을 믿고 따르려 노력한다.

자녀들이 엄마의 변화를 가장 먼저 알아보는 좋은 평가자라는 것을 이 엄마의 글에서 잘 볼 수 있다. 엄마가 어려서 어머니의 마음에 들려고 노력했듯이 큰아이가 '신기하게' 엄마 마음에 드는 말만 골라서 할 수밖에 없었던 경우다. 아이는 엄마 모르게 몹시 애쓰고 있었던 것이다. 엄마는 육아가 편했을지도 모른다. 한 세대 전 친정어머니가 본인을 양육하기 쉬웠던 것과 마찬가지로. 어머니가 힘들지 않게 자신이 모든 일을 다 처리했듯이, 젊은 엄마는 자녀에게 같은 역할을 기대했다. 모녀가 팀이 되는 것이 충분조건이라고 생각한 점을 대물림한 것이다.

사람 관계가 중요한 것을 알고 나서, '아이가 관계에 대한 결핍증 때문에 책을 읽는 것'이 얼마나 위험한 일인지를 그 엄마는 이제 안다. 어느 대형 책방에 '책이 사람을 만든다'는 말을 내걸고 있지만, 그 앞에는 반드시 조건이 붙어야 한다. 먼저, 건강한 마음을 가지고 자기표현을 할 수 있고 들어주는 사람이 있어야 한다. 책은 필요하지만 충분조건은 아니라는 것이다. 오히려 책 뒤로 얼굴을 숨겨버리면 엄마는 아이의 안색을 볼 수 없다.

전에 이 엄마는 좋아하는 책에서 일러주는 대로 생각하고 행동하려 했다. 그리고 나서 결과도 책에서 보여준 대로 되리라 기대하며 기다렸다. 세상을 보는 눈, 사람을 보는 눈, 자기 가족을 보는 눈을 바로 책을 쓴 지자와 똑같이 만들었다. 자신의 눈으로 직접 세상을 보고, 사람을 보려 하지 않았다. 심지어 가족조차 자기 눈으로 보려 하지 않았다. 그 저자는 눈이 파란 서양 여자이고, 오래전에 세상을 살다 간 사람이고, 만난 적도 없으며 자기와 가족을 본 적도 없는 사람인데도 말이다.

정작 자기 마음을 알아주는 사람이 가까이 없었기 때문이었다. 표현하면 들어줄 사람이 없으니 자기 마음을 스스로 알아볼 눈이 따로 생길 수 없었다. 친정어머니에게서 풀려나지 못하고 살았기 때문이다. 어머니와 다른 목소리를 낼 기회가 없었으니 책에라도 의존해서 중얼거리는 것이다. 그래서 빨간 머리 앤의 눈을 통해서 세상을 보고, 애거서 크리스티의 눈으로 문제를 풀어보려 했다.

'딸에게 모든 것을 의논하고 거리낌 없이 표현한' 친정어머니는 이 젊은 엄마에게 커다란 부담이었다. 어머니의 신임을 받고 동생들을 거느릴 자격을 부여받은 것이라, 그때는 으쓱했을 것이다. 하지만 아무리 '효녀 심청'이 되어 칭송을 받는다 해도 아이가 어른의 의논 상대가 될 수는 없다.

하지만 부담이 커질수록 아이는 엄마의 눈을 피하고 목소리에 예민해진다. 누구보다 엄마가 중요하기 때문에 갈등하는 마음을 활짝 펴서 내보일 수도 없다. 엄마에게 충성을 바쳐야 하니까. 엄마의 충실한 공범이 되면서도 죄책감을 떨치지 못한다.

젊은 엄마들은 상담을 하면서 어머니에게 그렇게 당하고도, 딸아이에게 자신도 똑같은 짓을 하고 있다는 것을 깨닫는다.

얼마나 다행인가! '시작이 반'이라 하지 않았던가! 엄마가 변화의 발걸음을 떼기 시작하면 '엄마와 딸'이 팀이 되어 속도를 낼 수 있다. 아이의 말을 들을 수 있으니 얼마나 다행인가! 서로를 볼 수 있으니 얼마나 다행인가! 이제 진정으로 서로 사랑하기만 하면 된다. 행복할 일만 남았다.

아이 시절 자신은 어머니에게 할 수 없었던 말을 딸아이는 자유롭게 한다. 때로는 그런 딸의 말을 듣기가 불편하기도 하지만 아이는 갈등하지 않고, 죄책감 없이 자기 마음을 드러낼 수 있어 얼마나 다행인지 모른다. 그렇게 되기 전에는 아이를 조용히 시키려고만 했다고 그녀는 고백한다. 자녀의 말을 들어줄 여유가 없었다. 그냥 조용히 해주기만을 바랐다. 그러나 이제는 "애들아, 미안하다는 말을 차마 할 수 없을 정도로, 가슴 저리게 미안하다"고 한다. 스스로 삶을 포기하지 않는 사람은 이렇게 바뀌고, 자라나는 희망이 있다. 아름다운 변신이다.

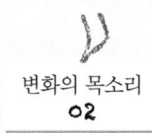

변화의 목소리
02

다른 사람의 눈에도 달라진 것이 보인다

김양미

어제 여행 가방을 빌려준다는 친구네 집에 잠깐 들렀다. 이야기는 오래 못하고, 잠깐 있다가 나왔다. 거의 두 달 만에 나를 본 친구가 "얼굴이 좋아졌다. 혈색이 돌아. 볼도 팽팽해지고…… 무슨 일이야? 요즘도 등산 다녀?"라고 했다.

"나, 상담 모임 다니면서 많이 좋아졌잖아. 지난번에 말했던……" 하면서 계간지 〈니〉와 알트루사 소식지를 건네주었다.

"거기 전도사 된 거야?"

친구는 큰 관심을 보이면서 냉큼 〈니〉를 집어 넘겨본다.

"이번에 나온 계간지에 내 글도 실렸으니깐 한번 읽어봐."

나도 나의 변화를 느꼈지만 오랜만에 본 친구의 입을 통해서 그 변화를 다시 확인하니, 새삼 고맙고 놀라웠다. 이거 참, 의도하지 않았는데도 저절로 전도사가 되었다.

지난 수요 상담 모임에서 어떤 분이 등산 이야기를 했는데, 나는 이곳 모임에 나오기 전에 내 마음을 다스리고자 혼자 도봉산에 다녔다. 그러나 근본의 변화를 끌어내기에 등산은 역부족이었다.

하긴 뭐 내가 등산만 했겠는가. 재즈댄스도 해봤고, 명상도 해봤고, 정신과도 찾아갔었고, 심리학 책도 열심히 읽어봤고…… 나를 이해하고, 찾기 위해 열심히 노력했다. 그런데 그 수많은 노력들이 잠깐씩 나를 추스를 수 있게 도와주긴 했어도 근본적인 변화를 끌어내지는 못했다.

하지만 이제는 변화가 느껴진다. 변화는 그렇게 오나 보다. 표정이 밝아지고, 피부 빛이 맑아지고, 내 몸 구석구석에서 "나 살아 있어요" 하는 에너지들이 조금씩 흐르는 것 같다. 신기하다. 사람이 갑자기 딴사람으로 180도 달라질 수는 없겠지만, 내가 달라지고 있는 건 분명하다. 이게 진짜 사는 맛인가! 어렴풋이 느끼다가, 친구의 말로 다시 한 번 확신을 갖게 되었다.

새로운 세계를 체험한다는 기대에 마음이 설렌다. 깜깜한 어둠, 잿빛 세계에서 탈출해서 다채로운 총천연색의 살맛 나는 세계로 가고 싶다. 그 변화의 고비마다 부지런히 글을 써야겠다.

어쩌다 북촌 구경 나왔다가 우리 모람이 하는 커피숍에 꽂혀 있는 모임의 소식지를 읽고 찾아왔던 니다. 자신의 문제를 풀기 위해 노력을 쉬지 않는 사람이었다. 그니가 왔을 때즈음, 주부들의 생활상을 책으로 쓰신 분이 우리 모임에서 이야기하기로 되어 있었다. 이 열성파 니는 그 저자가 쓴 책을 줄을 치며 탐독한 판이었으니 멀리 미아리에서 아이를 유치원에 보내고 한달음에 모임에 찾아왔다. 그런 것이 반년도 되지 않았다. 그 모임 이후 거의 모든 모임에 열심히 참여하고 쉬지 않고 자신을 표현한다. 우리 모임에서는 이것을 '발설한다'고 한다.

발설을 통해 때로는 상처 받기도 하지만, 그것이 아주 깊숙이 고여 있는 고름을 짜내기 위한 것이라는 것도 알아가면서 아파도 포기하지 않는다. 보통 상담자들이 "오냐 오냐"하듯 들어주지만 여기서는 그렇게 넘어가지 않는다. 처음에는 날카로운 지적에 상처가 드러나 아파할 수밖에 없다. 그러나 그 아픔의 이유를 되씹으면서 오히려 날카로운 지적을 고마워하게 된다.

그니의 아이도 함께 노는 토요일에 하는 '재미있는 학교'에 참여하면서 외둥이의 수줍음을 떨쳐버리게 되었다. 아이는 12월 알트루사 총회에서 엄마가 각본을 쓴 연극에 자진해서 제일 어린 중국집 주인 역할을 맡아 출연했다.

그니는 남편에게 전같이 토라지는 일이 없어지고, "말로 하니까 다 풀리는구나" 하는 경험을 해가고 있다. "남편도 들어주지 않아서 그렇지 하고 싶은 말이 많았구나" 하며 그의 입장도 확연히 보게 되었다.

상담이 마술은 아니다. 상담소가 피부 치료를 하는 곳도 아니다. 그러나 마음의 건강을 찾으면 몸도 달라지고 세상을 흑백이 아니라 총천연색으로 볼 수 있게 된다. 마음은 몸과 함께 있기 때문이다.

이런 변화와 성장은 혼자 할 수 없다. 마음을 알아주는 이웃이 필요하다. 그래서 알아주려는 마음을 품은 벗들에게 글을 써서 들려준다. 듣는 이들이 함께 울고 웃으며, 같이 아파하고 감격하며 알아준다. 그러면서 살맛을 회복한다. 그러면서 다른 사람들에게 귀한 존재가 된다.

이 엄마의 아이가 학교에 입학했다. 다른 아이의 엄마들과 어울리면서 옛날의 자기였다면 했을 법한 행동을 하는 엄마들의 모습을 보았단다.

"아이는 조용하고 침착해 보인 반면, 엄마는 강하게 지시하길 좋아하는 듯했어요. 같이 밥을 먹다가 내가 분명 아이에게 '이거 좋아하니?' 물어봤는데 대답은 자꾸 엄마가 하는 거예요. 대화 중에 아이가 자기 의사 표현하는 경우를 거의 못 봤어요. 왜냐하면 조용한 자녀를 기다려주지 못하는 엄마가 성격 급하게 나서서 대변인 노릇을 했거든요."

이 경험을 통해 나도 예전에 저랬구나, 하고 느꼈단다. 엄마들은 자녀와 대화를 하며 상호작용을 하는 것이 아니라 일방적으로 자기 말만 한다. 자녀와 상호작용할 수 있는 엄마가 되었다는 게, 그 엄마의 가장 큰 보람이란다.

변화의 목소리
03

우리 엄마가 달라졌어요

편수진

축구를 좋아하는 오빠는 축구 심판이 되고 싶어했다. 오빠가 엄마에게 축구 심판이 되고 싶다고 했을 때 엄마가 눈을 동그랗게 뜨면서 "뭐라고?" 하고 되묻자, 오빠는 "다른 일 하면서 취미로 할 거야. 치과 의사인데 취미로 축구 심판하는 사람 있어"라며 얼버무렸다. 오빠 입에서 마음에 드는 설명이 나오고 나서야 엄마는 안심한 듯했다. 음악을 좋아하는 오빠는 래퍼가 되고 싶다는 꿈을 품은 적이 있다. 엄마가 "도대체 하고 싶은 게 뭔데? 넌 장래 희망도 없어?"라고 다그칠 때, 오빠는 래퍼가 되고 싶다고 말하지 못했다.

무엇을 하든 엄마의 눈치를 살피던 오빠가 중학교 3학년이 되면서부터 달라졌다. 어느 날 오빠가 엄마가 원하는 대로 머리를 짧게 자르지 않겠다고 했다. 그런데 학생의 본분은 공부를 열심히 하는 것이라고 생각하던 엄마에게, 머리를 멋있게 기르겠다는 말이 공부를 열심히 하지 않겠다는 걸로 들렸나 보다. 머리를 짧게 자르지 않겠다는 말 한마디로 엄마는 간단하게 오빠를 문제아 취급했고, 오빠는 그런 엄마의 반응에 격하게 반항하기 시작했다. 엄마와 생각이 같던 아빠는 자연스럽게 엄마와 한편이 되었고, 오빠의 버릇을 고치는 데 앞장섰다.

아빠가 집에 계신 일요일 오후, 엄마는 오빠에게 당장 머리를 자르고 오라고 소리쳤고, 그렇잖아도 성적에 예민한 아빠가 있는 자리에서 성적 문제로 꼬투리를 잡히게될지도 모른다고 생각한 오빠는 순순히 머리를 자르겠다며 집을 나섰다.

문제는 그 다음이었다. 머리를 자르는 게 정말 싫었는지 오빠는 머리를 아주 조금 자르고 왔다. 그 모습을 보고 엄마는 돈 아까운 줄 모른다며 머리를 기르겠다고 말했을 때보다 더 화를 냈다. 아빠는 엄마가 원하는 만큼 머리를 다시 자르고 오라고 소리쳤다. 다시 오빠는 미용실에 다녀왔지만 머리는 변한 게 없어 보였다.

아빠와 오빠의 신경전으로 번지게 된 이 사건은 네 번째로 미용실에 간 오빠가 머리를 빡빡 깎고 오는 걸로 끝이 났다. 까까머리가 된 오빠를 본 엄마는 "쟤 좀 봐. 쟤 하는 짓 좀 보라고!" 하며 울기 시작했다. 단순히 머리를 기르고 싶었을 뿐이었던 오빠는 졸지에 돈 아까운 줄도 모르고, 심지어 엄마 아빠에게 대드는 나쁜 아이가 되어버렸다.

이 일이 있은 후로 오빠는 엄마에게 자기 마음을 절대로 이야기하지 않게 되었다. 엄마와 오빠의 갈등을 곁에서 지켜보며 함께 겪어야 했던 나도 엄마에게 내 마음을 말하지 않기로 결심했다. 엄마가 원하는 대로가 아니라면 나도 나쁜 아이가 되는 게 분명한 사실이었기 때문이다.

그런 엄마가 변하고 있다. 엄마가 변한 뒤로 언제부터인가 나도 모르게 엄마에게 내 마음을 말하고 있다. 엄마가 원하는 대로 하지 않아도 예전처럼 문제아로 취급하지 않는다는 걸 알고부터 말할 수 있게 된 것 같다.

이번 겨울방학에 나는 파마를 하고 싶었다. 엄마가 좋아하지 않을 거라는 걸 알면서도 말할 수 있었던 건, 엄마가 짧은 머리를 좋아하듯이 내가 웨이브 있는 긴 머리를 좋아할 수도 있다는 걸 인정해 줄 거라 믿었기 때문이다.

이 엄마는 봉사 단체라고 소개를 받고 알트루사를 찾았다. 틀린 말이 아닌 것이 알트루사는 전문직 여성들의 봉사단체이니까. 그런데 우리나라에서는 '마음이 건강한 여성들이 만드는 착한 사회'를 목표 삼고 '정신건강 사회운동'을 더 하고 있을 뿐이다. 그 엄마는 살짝 와서 우아하게 봉사 활동하고, 가볍게 원위치로 돌아가 변함없이 살 마음으로 이곳에 발을 들여놓은 것이다. 그렇게 참여하면서 처음에는 유난스럽게 자기 표현하는 사람들을 이해할 수 없었다고 한다.

"자신의 아픈 이야기를 서슴없이 솔직하게 풀어낸 글들을 보며 그들이 용감하다고 생각되기도 했지만, 한편으론 '참 답답한 사람들이네'라고 걱정했어요. 나에게도 적잖은 아픔이 있었지만 그 아픔을 잊어버리려고 노력하는 것이, 아무런 상처도 없었다는 듯이 사는 것이 잘 사는 것이라고 생각했거든요."

하지만 아들의 이발 사건이 일어났을 때의 엄마와 방학 동안 파마를 하고 싶어하는 딸을 허용해준 오늘의 엄마 사이에 상당한 변화를 볼 수 있다. 그 엄마는 처음에 자신과 달리 솔직하게 표현하는 사람들의 경험은 극단적인 것이라고 생각했다. 매 맞으며 자란 이야기 들으면 "당신들은 맞았어도 난 안 맞았으니까" 하며 자신을 같은 부류로 여기지 않으려 했다. 자기 아이에게 심한 말을 하거나 매를 들어 괴롭다는 이야기를 들으면서도 "나는 그 정도는 아니야"라고 외면하려 했다. 그러나 한 번 소리 지른 것이라고 해서, 자주 하거나 매일 한 것이 아니라고 해서 괜찮은 것이 아니라는 걸 알게 되면서 아이들에게 '죄인'이 된 듯 미안해졌단다.

딸은 엄마의 변화를 느끼고 정확하게 알아차렸다. 그리고 엄마의 사랑을 전적으로 믿으며 뭐든 말해도 안전하다고 생각하게 되었다. 엄마를 신뢰하니까 아이는 든든한 터에서 마음 놓고 뛸 수 있게 된 것이다.

아이는 파마하고 놀러 다니기만 하는 것이 아니다. 방학이지만 공부하러 추위에도 학교까지 멀다 않고 갔다. 자신의 성장을 위해 힘껏 애쓰며 삶을 잘 만들어가고 싶어한다. 친구들의 마음을 알아주고, 또 이해받으며 함께 나누는 것이 중요하다는 것을 엄마의 변화를 통해 배우고 실천하고 있다.

엄마가 성적에 과민하지 않게 되니, 딸은 학교 공부도 재미있게 할 수 있게 되었다. 엄마에게 보여주기 위해 하는 것이 아니라 정말 좋아해서 한다. 언어, 사회, 역사 모두 재미있단다. 선생님들에게도 마음을 열고 이야기하니 무시하지 않고 들어주셔서 좋다고 한다. 아이는 어른들이라고 해서 자신과 다른 말을 하는 것이 아니라는 것을 체험했다. 엄마가 혼자의 좁은 머리에만 의존해서 불안하고, 걱정이 많았던 시절에서 벗어났기에 아이의 이런 성장은 가능해진 것이다.

방송에서 자녀 교육 문제를 가지고 상담하는 것을 가끔 본다. 아이의 사회성에 문제가 생기는 이유는 가정에서 엄마가 잘못해서 그런 것이라며 너무나 간단하다는 듯 처방을 내려준다.

"아이에게 무섭게 하지 마세요."

"아이와 놀아주세요."

"아이와 노는 것을 즐기세요."

그러나 문제는 왜 그렇게 된 것인지 알고 난 후에야 변화가 일어날 수 있다는 점이다. 처방전만 있다고 병이 낫겠는가. 처방전만 들고 있는 엄마에게 "그게 도움이 되었나요?" 하고 물어보면 겨우 "앞으로 노력해봐야지요"라고 한다.

이 엄마는 자신의 어린 시절로 돌아가 꽁꽁 싸매두었던 체험을 열고, 느낌을 회복했다. 처음에는 어린 시절에 이해할 수 없었던 어른들 이야기를 남의 흉보듯 이야기했다. 그러다가 오래전 아이 때 어른들이 자신에게 한 처사를 통곡하며 토해냈다. 그 엄마의 이야기를 들으며 함께 울어주는 우리들이 있어 마음 놓고 울었다. 그리고 다음 단계에서는 그때의 느낌, 공포, 불안, 미심쩍은 마음, 보호받고 사랑받고 싶었던 마음들을 가려내기 시작했다. 이런 과정을 거치면 '여기' 그리고 '지금'의 삶에서도 느낌이 풍부해지게 된다. 남편이 요구하던 것이 귀찮은 일이 아니었고, 그가 왜 그런 걸 원하는지 느낌을 알아가게 되는 것이다. 군대에 간 아들의 마음도 너무나 잘 느껴져 옛날같이 "남들 다 하는 걸 뭐 그리 유난을 떠느냐?" 하지 않는다. 제대를 앞두고 "이젠 얼마 안 남았다"는 남들의 거리 둔 마음이 아니라, 그날을 하루하루 손꼽아 기다리는 아들의 마음이 그대로 읽혀져 그리움이 짙어졌다.

이 가족은 엄마의 변화로 이제 혼자 해결하려는 어리석음을 벗어날 수 있게 되었다. 전에는 뭐든 혼자 하는 것이 똑똑한 짓인 줄 알았다. 그뿐인가, 자기 가족만 생각하는 이기성이 바로 '바보의 삶'이라는 것을 알아, 이를 넘어 다른 사람들과 함께 사는 참 이웃, 시민이 되었다.

이 집 딸아이의 긴 파마머리는 우리 모임의 성탄 파티에서 빛을 보았다. 같은 식탁에 앉았던 언니들뿐만 아니라, 할머니들도 이모들도 모두 "아주 좋다" 했다. 기쁜 성탄절이었다.

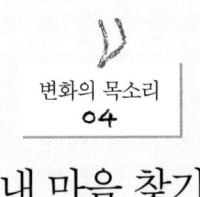

변화의 목소리
04

내 마음 찾기

유선희

"선희 씨, 처음 봤을 때 정말 이상해 보였어요."

우리 모임의 어떤 분이 며칠 전 내게 한 말씀이다.

그때 나는 행사 진행을 위해 분주하게 돌아다니고 있었다. 튀어 보이려고 노력하던 때여서 차림새도 이상했겠지만, 남들은 아랑곳없이 혼자서만 신이 났던 것도 같다.

그분께서 조심스럽게 또 한마디 하셨다.

"그런데 다른 사람과 눈을 마주치질 않더라고요. 이후에는 참 빨리, 많이 변했어요."

나를 보는 눈이 있었다는 것조차 모를 정도로 곁을 살피지 않고 살았다는 사실이 새삼 부끄러워 얼굴이 달아올랐다.

나는 모든 사람들을 적으로 생각하며 살았다. 나에게 호의를 갖고 다가

오는 이에게도 쌀쌀맞고 퉁명스럽게 대했다. 겁이 나서 몸을 잔뜩 곤추세운 짐승처럼 으르렁거렸다. 반대로 나보다 좀 못하다 여겨지는 사람들에게는 편하다는 핑계로 함부로 대하곤 했다. 경제력, 학력, 외모 등의 조건에 따라 자동으로 사람들이 구분되어 보였다. 다른 사람들도 나를 그렇게 평가하는 것 같아 긴장한 채 사람들을 만났다. 단, 술을 마시면 그 긴장의 끈이 풀려 편안해졌다. 술에 취해 있는 시간은 점점 늘어갔고 술이 깨면 다시 우울해졌다. 나름대로 부지런히 잘 살아왔다고 생각했는데, 왜 나는 행복하지 않은지 알 수 없었다.

"왜 어머니에게 미안한가?"

처음 심리학 교실에 왔을 때 문 선생님께서 질문하셨다.

"효도를 못해서요. 어머니 마음에 드는 딸이 아니라서요."

어머니가 나를 마음에 들어하지 않는 것 때문에 그동안 무척 괴로웠다는 사실을, 대답을 하고 나서야 알 수 있었다. 부모님과 따로 살면서도 내 머릿속에는 여전히 어머니가 함께 있었다는 걸, 속 이야기를 하면 할수록 깨달았다. 내 입에서 나오는 말들은 거의 다 어머니가 했던 말씀이거나 어머니가 할 법한 생각이었기 때문이다. 그렇게 어머니가 나의 일거수일투족, 심지어는 꿈에까지 등장하여 내 마음을 지배하고 있는 줄은 상상도 못했다. 인생이 원래 그렇게 힘든 줄만 알았지, 어머니에게 평생을 도둑맞은 내 마음이 문제였다는 것은 상상도 못했다.

어머니는 좋은 음식을 해주고 좋은 옷을 사주고 좋은 곳에 데리고 다니며 부족함 없이 키웠지만, 내 마음이 어떤지는 궁금해하지 않았다. 성적을 올리려고 어르고 달래고 혼을 내며 애썼지만, 마음의 성장을 위해서는 하신 게 아무것도 없었다. 엄마 역시 돈을 벌어 불편하지 않게 살 목적으로 살아왔으니, 딸에게도 다른 걸 해줄 수 없는 것이 당연했다.

어려서부터 충분히 놀고 실험하며 어른으로 성장하는 과정이 내게는 없었다. 어머니가 주는 과제를 다 하고 결과물을 내어 성공의 길로 향해 가는 것만이 내가 해야 하는 일처럼 여겨졌다. 그렇게 다른 사람의 마음에 들게 살아야 하는 삶이 어찌 만족스럽겠는가.

나는 심리학 교실을 일곱 번째 하고 있다. 묻어두었던 기억들을 끄집어 내어 글로 쓰고 읽고, 선생님과 친구들의 반응을 들으면서 다시 내 느낌을 찾아가고 있다. 사람의 기억이라는 건 참으로 신기해서 내게 불필요하다고 여겨지는 것들은 많이 조작되고 숨겨지고 잊혀졌다. 부모님과 다르게 느꼈던 느낌들은 제대로 인정받지 못하거나 쓸데없다고 핀잔 듣는 경우가 많았기 때문에, 어느 순간부터 내 느낌의 상자에는 열쇠가 단단히 채워졌던 것이다. 특히 수치스럽고 화나고 억울했던 감정들, 잘못했다고 느낀 것들은 더 깊숙한 곳에 묻혀 있어 한참을 찾아야 그 형체를 알아볼 수 있었다. 평생을 두고도 못 찾을 뻔한 '내 마음 찾기'를 숨겨진 보물을 찾듯 기쁘고 감사한 마음으로 하고 있다.

그동안 현실이라고 믿었던 세계가 실은 내가 무의식중에 의심 없이 받아들인 어머니의 가상 세계였다는 사실을 깨달아가고 있다. 일반적으로 사람들이 믿고 있는 '성공의 길' 또한 자기 주관 없는 사람들의 신기루라는 사실도 더불어 알게 되었다. 그러고 나니 내 눈에는 어머니가 알지 못했던 다른 세계들이 보이기 시작했다. 병든 세상에 적응하며 꾸역꾸역 사는 것이 아니라, 나와 이웃의 마음을 돌보며 따뜻하게 살아가는 세계이다. 그저 환경에 순응하는 것이 아니라, 서로의 느낌을 충분히 이야기하고 인정해주면서 제대로 된 가치를 찾아가는 이웃들이 내게 그렇게 살 수 있다는 것을 몸소 보여주었다.

나는 그들과 뜻을 같이하며 살아가고 싶어졌다. 좋은 조건과 풍족한 생활이 보장된다 해도 올 것 같지 않던 행복이 그렇게 마음의 눈을 뜨고 나니 찾아왔다. 무엇이든 열심히 해도 불안하던 마음이 비로소 평화로워졌다.

미래를 위해 돈만 준비하던 예전에는 없던 숙제들이 많아졌다. 모든 감각이 예민해져서 조심스러워지고 표현할 것도, 들어야 할 이야기도 많아졌지만, 예전처럼 누군가 감시하고 있는 것 같은 느낌 때문에 피곤하거나 주눅이 들지는 않는다. 스스로의 힘으로 삶을 통찰하고 변화할 힘을 가지는 것이 어떤 재산보다 인생을 뜻있게 한다는 것을 알았기 때문이다. 나를 겁에 잔뜩 질리게 만들던 어머니의 목소리는 머릿속에서 점점 사라져가고 있다. 대신 따뜻하고 또렷한 나의 목소리가 울려 퍼지기 시작했다.

처음 만났을 때 대리석으로 빚은 조각 같다고 생각했던 니다. 그리스시대 조각! 아름답지만, 따스한 혈색이 없고, 부드러운 촉감이 없어 멀리서 바라보기만 해야 하는 사람이었다. 언젠가 나는 "하나님이 선희님을 사랑하십니다"는 말을 하며 그니의 등을 감싸 안아준 적이 있다. 그때 느꼈던 딱딱함이란 이루 표현할 수 없을 정도였다.

심리학 교실에서 《에밀》을 읽고 그니가 써온 글은 정답 같은 요약문이었다. 독후감을 학교에서 그렇게 썼으면 아마도 모범 답안으로 채택되었을지 모른다. 느낌을 써보라 했더니 처음에는 어리둥절해했다. 그러나 시간과 횟수를 거듭하면서 그니는 길지 않은 자신만의 인생을 되짚어가고 있다.

어렸을 때 마음속으로 얼마나 여러 번 어머니가 죽는 것을 상상했는지 모른다고 나중에야 겨우 말했다. 어머니가 잘해주었고 사랑해주었다는 것을 모르는 것이 아니다. 그러나 어머니가 자기에게 바라는 것이 공부 잘해서 일류 대학에 가고, 돈 잘 버는 직장에 들어가고, 결혼해서 잘살게 되는 것에 한정되어 있었다는 것을 알기에 잘해주는 것이 그 효과를 잃었던 것이다.

어머니의 소원을 들어드려야 하는 것이 그니는 부담스러웠다. 사랑은 부담을 지우지 말아야 하는데 어머니는 아이에게 무겁게 짐을 지운 것이다.

아이는 소아 우울증에 걸려 기쁨을 모르고 살았다. 놀이터에 가도 언니로서 동생들을 보살펴야 했고, 동생들이 어머니 말을 안 듣고 말썽을 피울까봐 노심초사했다. 뭐든 선택의 기회가 생겨도 어머니의 취향을 염두에 두고 골랐다. 그러면 "너는 역시 안목이 있다"는 칭찬이 돌아왔다. 그래서 자신의 느낌을 따로 챙길 기회가 없었다. 자기가 원하는 것을 드러내 말해본 일도 없을 수밖에.

그렇게 자라다가 어머니의 영향력에서 벗어나 사회에 나와서 마음대로 살고 있다고 생각했다. 그런데 심리학 교실에서 발견한 것은 몸은 벗어났어도 마음은 여전히 어머니의 영향권에서 벗어나지 못하고 있다는 것이었다.

그녀는 모르고, 억누르고, 개발하지 않고 있었던 자기 느낌을 캐내기 시작했다. 30여 년의 삶이 자기 삶이 아니었다는 것을 알게 되었다. "낳았다고 내가 엄마 거야!" 속으로 소리도 질러봤다. 동생들과 엄마가 깔깔대며 재미있게 지내는 거실로 선뜻 나서지 못하고, 공부방 책상 앞에 앉아 있었던 조그만 자신의 어린 마음을 돌아보며 안타깝게 슬퍼했다. 그녀는 외로웠다고 한다. 어머니를 좋아하면서도 어머니의 성에 차지 않을까봐 전전긍긍했던 모습이 가엾게 다가왔다. 자식을 사랑하고 지켜줘야 할 엄마의 무심함 때문에 아이는 마음이 단단히 굳어버린 것이다.

그녀는 다른 사람도 믿지 못하고, 다른 사람을 이해하려 하지도 않왔다. 자신의 마음을 모르니 다른 이의 마음도 모르고 관계가 좋을 수 없었다. 술을 매개로 만남이 이루어지고, 서로 욕구의 대상으로 전락했다. 이제 술이 필요 없어져 자연스레 끊게 되었다고 한다. 그니는 술이 없어도 대화할 수 있고 다른 사람을 사랑할 수 있게 된 것이 신통하단다.

 삶의 방식과 가치가 바뀌었다. 돈과 힘을 위해 살 필요가 없어진 것이다. 자유롭게 살았다고 생각했던 과거가 오히려 노예 생활이었음을 알게 되었다. 그니는 이제부터 자신의 삶을 사는 과업을 이행해가려 한다. 아주 호기심도 많고, 총명한 한 젊은이가 인생의 답을 찾아 나선 것이다. 이제 대리석 조각이 아니라 따스한 느낌을 가진 아름다운 사람으로 다시 태어났다. 그니는 곧 엄마가 된다. 아이를 사랑할 줄 아는 엄마가 될 것이다. 몇 해 전까지만 해도 '절대로' 엄마가 되지 않을 거라 단호했던 사람이었는데…….

변화의 목소리
05

소중한 눈물

김윤정

　누구에게도 나의 두려움과 외로움, 그리움을 표현할 수 없는 죄인 아닌 죄인으로 살았다. 살아서 부모님 인생을 축내는 것 같았다. 바라는 만큼 똑똑하고 야무진 딸이 아니었기 때문에, 내 자신이 가치 없는 사람으로 여겨져 언제나 스스로를 야단치는 마음이었다. 내가 누리는 모든 것이 자신의 덕이라고 쉬지 않고 말하던 엄마, 나에게 이 상황을 버텨내는 것이 운명이라고 말하던 엄마. 그런 엄마라 해도 혹시나 나를 버릴까봐 두려워 아무 반항도 할 수가 없었다. 아무것도 느끼지 않는 것이 생존 방식이었다.
　나는 이제야 억울하다는 걸 느끼게 되었다. 엄마 없이 맞이해야 했던 쓸쓸한 아침, 나는 종종거리며 스스로 밥상을 차렸다. 그 온기 없는 밥상 앞에서 아무리 먹어도 채워지지 않는 허기와 공허를 위안받았어야 했다. 밤

마다 언제 들어올지 모르는 아빠를 기다리며 어둠을 견디고, 엄마가 베던 베개에 코를 묻고 엄마 냄새를 맡아가며 그리움을 참았던 그 막막한 시간을 위로받았어야 했다. 그때 엄마의 보따리에 함께 싸여 따라가고 싶다고 옷자락을 붙들고 칭얼거렸어야 했는데, 어둠이 무섭다며 옆구리로 파고드는 동생과 함께 누군가를 기다리던 그 밤의 서글픔을 말했어야 했는데, 언제 올지 모르는 엄마를 기다리는 일이 어린아이에게 얼마나 큰 공포인지 드러냈어야 했는데, 어린 나를 놓고 가지 말라고 화를 냈어야 했는데……. 그러나 그것들을 표현할 수 없었다.

마음에 이는 감정이 무엇인지 어떻게 처리해야 하는지 몰랐다. 소용돌이치는 마음속을 드러내면 더 불행한 일이 일어날까봐 두려웠다. 내 눈에 눈물이 넘치면 겁이 났다. 엄마가 흘리던 눈물을 닮을까봐.

어린 나는 엄마가 떠나고 없을 집을 향해 걸어갔다. 혹시나 마음을 바꿔 내일 아침에 떠나기로 했는지 모른다는 기대감에 걸음이 빨라졌다. 하지만 아무도 없었다. 빈 집 안 여기저기를 다니며 아직 공기에 남아 있는 엄마의 화장품 냄새를 맡았다. 엄마의 베개를 꺼내 얼굴을 묻고 눈물을 꾹 참으며 잠이 들었다. 어릴 때 속상하거나 억울하다고 울면 친구들이 몰려가 "괜찮아?" 혹은 "미안해" 하고 위로하며 관심 가져주는 아이가 부러웠다.

어른이 된 나는 아직도 눈물을 꾹 참는다. 울고 싶을 때 울 수 있는 사람이 되었으면 좋겠다고 알트루사에 와서야 말할 수 있었다. 눈물이 나지 않아 답답했다는 것을 알았다.

  결혼을 하고, 남편에게 사랑을 받고 싶었다. 그러나 남편과 제대로 된 의사소통조차 할 수 없었다. 그의 사랑이 내가 원하는 모양과 색깔과 다르니 그것은 사랑이 아니라고 말했다. 시어머니의 관심이 불편하고 거추장스러우니 그것은 사랑이 아니라고 거부했다. 아이들에게 내가 원하는 대로 자라지 않는다고 사랑하기 어렵다고까지 말했다. 사랑을 몰라줘서 서운하다고 하는 그들의 말이 나를 비난하는 소리로 들렸다. 내게 안타깝다고 하는 그들의 말이 부족하다고 탓하는 의미로 들렸다.

  그들과 사랑하고 싶은데 마음과 달리 잘 되지 않는다고, 그래서 속상하다고 말할 수 있었다면 외롭지 않았을 것이다. 그렇게 오랫동안 그들의 사랑을 볼 수도 느낄 수도 없었다.

  마비된 나의 느낌을 찾아 슬픈 기억도 끄집어내고, 외로웠던 감정, 무섭고 두려웠던 심정, 사랑받았던 기억도 끄집어냈다. 그렇게 꽁꽁 숨겨두었던 내 감각을 되살리는 작업을 시작했다. 무의식 속에 숨어 있는 내 모습까지 온통 드러내놓아야 되는 일이란다. 그것이 무엇인지 배워가며 조금씩 해나가고 있다.

  그러자 어느 틈엔가 눈물이 나를 위로하고 있었다. 무엇하고도 바꿀 수 없는 선물이었다. 사람에 대한 믿음이 조금씩 싹트기 시작하면서 할 수 있는 일이었다. 나를 바라보는 따뜻한 눈빛과 사랑이 철벽같았던 내 마음 어느 틈엔가 스며들어, 비로소 사람에 대한 잃어버렸던 믿음이 사람을 통해 회복되고 있었다.

생긴 것만큼 다양한 사람들의 삶을 들여다보고, 각자 처해 있던 환경에서 자신을 어떻게 해석하고 살았는지를 아는 일은, 나에 대한 이해의 또 다른 통로를 발견해내는 것이었다. 콤플렉스에서 해방되기 위한 현실 파악이기도 했다. 내가 누구여도 괜찮다는 말은 다른 사람을 이해하고 나를 용납하는 실마리가 되어 내 부모님도 남편도 아이도 편하게 볼 수 있는 눈이 생겼다. 나는 요즘 많이 행복하다. 눈 뜨는 아침이 반갑고, 숨 쉬는 공기가 상쾌하다. 나는 다시 태어났다.

집단 상담 시간에 입을 꼭 다물고 다른 사람들의 입만 쳐다보고 한동안을 보낸 니의 글이다. 다른 사람들이 자기 이야기를 들어주지 않을 거라고 완강히 버티고 있었다. 입 다물고 말하지 않고 앉아만 있어서는 자기 문제를 해결할 수 없다는 것을 말해줘도 통 듣지 않았다. 개별 상담으로만 해결하는 데는 한계가 있었다. 두 자녀들을 데리고 모람들과 활동하면서 심리학 교실에 청강할 기회를 가진 뒤, 자신을 주제로 글을 써서 함께 읽으며 그 느낌을 나누는 것을 보면서 느낌을 알게 되고 마음이 점차 바뀌게 되었다. 개인 상담할 때 한 이야기를 모람들 앞에서 공개하는 글을 써서 읽고, 한바탕 함께 울고 나서 변화를 실제로 체험한 것이다.

'발설해도 큰일이 일어나지 않는구나. 세상이 끝장나는 것이 아니라, 그래도 나를 알아주는 사람이 있구나. 한번 입을 열기 힘들지, 말하고 나니 내 마음을 점점 더 잘 알게 되는구나.'

이런 체험 후에 그니의 얼굴은 밝아졌다. 글 쓰고 싶은 일이 자꾸 떠올랐단다. 그리고 다른 사람들과 여러모로 관계 실험을 해나가고 있다. 사람들에게 "귀엽다"는 말도 듣고 "사랑스러운 개구쟁이 같다"는 말도 듣는다.

그니는 자신의 곁을 지켜주지 않았던 어머니의 체취를 그리워하면서 어린 시절을 보냈다. 혹시나 어머니가 아주 떠날까봐 마음 조리며 어떤 가슴 아픈 말을 해도 참아내야 했다. 남동생을 챙겨야 하는 '어른 아이' 노릇을 의젓하게 해내야 하는 벅찬 삶에서 쓸쓸한 아이 가슴은 늘 허기질 수밖에 없었다. 마음이 허하면 배도 고픈 것이다. 아이의 마음을 알아주고 그 쓸쓸함과 허기를 채워줄 어른을 가까이서 찾지 못했다.

큰어머니와 사촌 오빠의 따뜻한 위로를 동화자락 같이 즐기기는 했지만, 동화는 매일의 실생활이 아니라 마음을 푹 놓을 수 없었다고 한다. 위로받아야 하는데 위로해달라고 떼를 쓸 수도 없었다. 슬프다는 표현도 못했다. 눈물 흘리면 청승맞다는 어른들의 질책 때문에, 자신의 눈물이 더 큰 불행을 부르게 될지도 모른다는 두려움 때문에 울지도 못했다. 스스로에게 사치스럽다며 눈물을 허용하지 않았다. 그러면서도 위로받는 다른 아이들을 부러워했다.

아이 시절의 쓸쓸함과 아픔을 어른이 되어서라도 풀어내고 위로를 받고 나서야 눈물이 '위로'가 된다는 것을 처음 알게 되었다. 그리고 나서야 느낌이 살아나고 변화가 시작되었다. 다른 사람들을 보면서, 또 그들에게 용납되는 자신을 보면서, 자신뿐만 아니라 다른 사람도 용납하는 사람으로 부활한 것이다. 시어른, 남편, 사랑하는 두 자녀를 '편하게 볼 수 있는 눈'을 가지고 사는 행복을 알게 되었다. 전에는 늘 좋은 아내, 엄마가 될 수 없을 것 같아 미안해했었는데 말이다. 오염이 더 심해졌을지도 모르는 공기조차 이제 "상쾌하다" 하니 단단히 변한 것이다.

아이를 사랑하며 살기 위하여

　사랑을 경험한 사람은 처음 느낀 그 흥분과 감격을 잊을 수 없을 것이다. 사랑하면 상대가 좋아하는 것, 필요한 것이 눈에 들어온다. 그 사람의 좋은 점만 보인다. 그리고 사랑하는 사람을 위해 무엇이든 해줄 수 있는 열정적인 마음이 생긴다. 그것이 사랑이다. 반대로 미움은 상대의 부족한 부분과 잘못된 점만 보인다. 그걸 꼬집고 밝혀내고 싶다. 그것이 미움이다. 이렇게 사랑과 미움에 대해 정의 내린 후, 엄마들에게 묻고 싶다. 자녀를 사랑하는가?

　아이와 서로 사랑하며 행복하게 살기를 바라는 엄마라면 제대로 된 사랑을 해야 한다. 사랑은 엄마의 의무이자 기쁨이다. 그런데 언제부터인가 우리 엄마들에게 사랑의 의무만 남고 기쁨이 사라졌다. 엄마 역할은 '힘든 것'이라는 찌든 표현에서 벗어나 자녀 키우는 참 즐거움을 충분히 느끼길 바란다.

우리는 아이를 낳을 때 겪는 진통을 어마어마한 큰 고통이라고 들어왔다. 그래서 미리 겁을 집어먹었다. 하지만 내가 첫아이를 가졌을 때 자연분만법을 가르치던 선생이 아이 낳는 것은 병이 아니라, 자연스러운 생리라는 것을 새삼 말해주었다. 태어나는 아이와 호흡을 맞추고 협조하면 통증은 그렇게 끔찍하지 않다는 것을 체험했다. 임신과 분만은 엄마 역할의 출발이다. 그 뒤로 아이가 자라는 과정에서 만나게 되는 고비를 엄마는 아이와 함께 기쁘게 협력하며 넘어가면 된다.

엄마 마음대로 자녀를 끌고 가려고 하면 짐스러운 의무만이 남게 된다. 그러면 아이에게도 엄마의 사랑이 부담이 될 뿐이고, 자기 몫의 삶이 사라져 재미를 잃는다. 최근에 본 영화 '블랙 스완'의 어머니는 무대 위에서 완벽한 결과를 낸 딸을 자랑스러워하며 객석에서 박수를 쳤지만, 정작 사랑하는 딸이 죽어가고 있는 것도 몰랐다. 혹시 이 엄마처럼 자녀를 내 마음대로 끌고 가려고 아프게 하고 병들게 하고 있지 않은지 돌아봐야겠다.

우리는 아이들이 건강하게 자라도록 그들의 몸과 마음을 지키는 '지킴이 엄마'가 되어야 한다. 마음이 건강한 아이가 되도록 돕기 위해서는 엄마들이 자녀들의 감정을 과잉 간섭하지 말아야 한다. 그렇다고 냉담해서는 더욱 안 된다.

오늘 우리 사회에서 아이들이 마음자리를 제대로 지켜가기가 아주 어렵다. 지금도 마음이 병든 어린이, 청소년, 젊은이들이 많다. 앞으로 그들이 우리 사회를 이끌어갈 거라는 생각을 하면 마음이 조급해진다. 서구인들같이 어려서부터 개인 단위로 독자성을 살려 자란다면 혼자 성취하며 사는 것이 당연한 귀결이다. 그러나 우리는 그렇게 간단하지 않다. 우리는 가족 안에서는 서로 의존하고 분리되지 않는 '포함'의 단위로 살면서도, 경쟁하고 성취하라고 냉엄한 세상에 아이는 홀로 내던져진다. 가족의 애정 어린 지원 구조가 없다.

요즘 엄마들은 어떻게 가족 관계를 만들고, 유지하고, 변형해나갈지 방법을 모르고 있다. 그러니 아이들의 문제를 모두 전문가들이 해결해주기를 기다린다. 물론 바깥의 도움을 받아야 한다. 그러나 아이가 우선 갖추어져야 할 품성은 가정에서 엄마 품에서 만들어져야 한다. 그렇게 갖추어진 품성으로 아이는 자신의 삶을 운영해나간다.

그래서 엄마들이 제대로 엄마 역할을 해내야 한다는 것이다. 나이 먹어 결혼하고 임신했다고 해서 엄마로서의 필요충분조건을 다 갖춘 것이 아니다. 아이들의 몸과 마음 지킴이 자격을 갖추어야 한다. 엄마로서 사랑의 느낌을 잃지 않고 기쁘게 엄마 노릇을 해야 한다. 그러면 엄마 자신도 '빈 둥우리 증후군'을 겪지 않고 자신의 삶을 기쁘게 살 수 있다. 자녀에게 돈 대주고 지원해주는 도구로써의 부모가 아니라, 평생 서로 사랑을 나누는 부모가 되어야겠다!

ㅁㅇㅎ

엄마가 아이를 아프게 한다
아이를 행복하게 하는 좋은 엄마의 필독서

초판 1쇄 발행 2011년 8월 30일 **초판 56쇄 발행** 2023년 7월 6일

지은이 문은희
펴낸이 이승현
기획자 신미경

출판1 본부장 한수미
와이즈 팀장 장보라

펴낸곳 ㈜위즈덤하우스 **출판등록** 2000년 5월 23일 제13-1071호
주소 서울특별시 마포구 양화로 19 합정오피스빌딩 17층
전화 02) 2179-5600 **홈페이지** www.wisdomhouse.co.kr

ISBN 978-89-91731-57-8 13590

* 이 책의 전부 또는 일부 내용을 재사용하려면 반드시 사전에 저작권자와
  ㈜위즈덤하우스의 동의를 받아야 합니다.
* 인쇄·제작 및 유통상의 파본 도서는 구입하신 서점에서 바꿔드립니다.
* 책값은 뒤표지에 있습니다.